『保育カリキュラム論－計画と評価』

2023 年 11 月

p.47「1　幼保連携型認定こども園の制度的枠組み」の記述の一部を、こども家庭庁の設置に伴い、下記通り赤文字部分を加筆修正します。

（本文 5 行目まで修正なし）

目的として」設置された施設である。つまり、学校教育法に定められた学校としての幼稚園と、児童福祉法に定められた児童福祉施設としての保育所の両方の性格を併せもちながら、入園から修了までの在園期間全体を通して行われる教育および保育と同時に、地域や保護者への子育て支援事業との有機的な連携を含めた総合的な施設として位置付いており、0 歳から小学校就学前の多様な園児が在園している（図 5－1 参照）。また、認定こども園法第 14 条の中で、保育士資格と幼稚園教諭免許を併有した「保育教諭」が、原則、園児の教育および保育をつかさどると規定されている。2023 年度から同年度新設された内閣府の外局である「こども家庭庁」の管轄となった。なお、保育所も同時にそれまでの厚生労働省管轄からこども家庭庁の管轄に移行したが、幼稚園は従来通り、文部科学省管轄として学校の位置付けのままである。

この幼保連携型認定こども園は、保護者の就労・・・（以下、修正なし）

保育カリキュラム論
ー計画と評価ー

編著
豊田和子・新井美保子

共著
（執筆順）
加藤由美・柴田智世・上村　晶
小島千恵子・大岩みちの・安部　孝・野田美樹

建帛社
KENPAKUSHA

は　じ　め　に

　2017年３月に幼稚園教育要領，保育所保育指針，幼保連携型認定こども園教育・保育要領の３法令が同時に改訂（改定）・告示された。そこでは保育内容の共通化が図られ，保育所も幼児教育を行う施設として位置付けられた。このことは大きな変革であろう。就学前の幼児がいずれの施設に在園したとしても，保育の質が保障され小学校との連続性が図られた点は，所管行政の枠を超えての取組みとして評価されるところである。

　あわせて今回の改訂（改定）では，幼児教育から高等学校教育まで一貫した教育方針が打ち出された。例えばそれは，「３つの資質・能力の育成」や「主体的・対話的で深い学び」，「カリキュラム・マネジメント」などの導入である。いずれも21世紀型の新しい学力観に基づいたものである。このような時代の変化の中，幼稚園・保育所・認定こども園のすべてが，子どもの最初の学校教育を担っている役割であることを改めて意識しなければならない。

　これらの改訂（改定）の理念を保育において実践していくためには，これまで以上にカリキュラムの果たす役割が重要となる。「幼児期の終わりまでに育ってほしい姿」の10項目が明示されたことも，保育カリキュラムの編成に大きな影響を与えることになるだろう。また，保育所を中心に低年齢児の入所が増加している状況に対応して，０・１・２歳児保育が抜本的に見直され，０歳児における「３つの視点」と１・２歳児における５領域が導入されたことにも同じことがいえる。これらの改訂（改定）が保育実践の充実を導き，乳幼児のよりよい発達につながるように，０歳児から就学前・就学後までも見通したカリキュラムの編成を試みていく必要がある。

　本書においても３法令の内容に即し，実践に役立つ充実した内容となるように具体的事例を多く取り入れた。近年増加している幼保連携型認定こども園についても章を立て，教育・保育への総合的理解が深まるように工夫もしている。保育者をめざして学修中の方だけではなく，すでに保育に日々取り組んでおられる方々にも，保育実践の質の向上のために本書をご活用いただければ幸甚の限りである。

　なお，本書では「保育」という言葉について，保育所に限らず幼稚園や認定こども園のいずれの施設においても養護と教育を一体的に行う必要があるという理解に基づき，統一して「保育」という言葉を使用している。

　最後に，本書の上梓に際し，各種資料をご提供いただいた関係機関の方々，ならびに建帛社編集部の皆様に心より感謝申し上げる。

　　2018年11月

編 者 一 同

本書の使い方

1. 前半の理論編（第1・2・3・4・5章）では，保育原理や教育原理などの科目での学習と関連づけながら，カリキュラムとは何だろうという問題意識をもって基本を正しく学ぶ。

2. 後半の実践編（第6・7・8・9章）では，解説と提示されているさまざまな事例から，子どもの姿のとらえ方や保育の見通しなどを，もし自分がその保育者だったらどう考えるかという応用的な勉強を行う。

3. 第3章以下では，末尾に「考えてみよう，ディスカッションしてみよう」を設けているので，グループ討議やプレゼンテーションなどを行い，自主的に学び合う。

＊保育所保育指針，幼稚園教育要領，幼保連携型認定こども園教育・保育要領および同解説の引用については，原文の用字表記のまま掲載しています。本書の本文については，必ずしもそれら要領・指針の用字表記とは一致していませんので，ご承知ください。

目　　　次

第1章　カリキュラムの意義と保育の基本 ……………………………… 1

1．カリキュラムの意味と歴史 ………………………………………………… 1
　　1　カリキュラム（Curriculum）の意味（語源）　*1*
　　2　カリキュラムのタイプ　*2*
　　3　わが国の保育の歴史におけるカリキュラム　*2*

2．保育の基本とカリキュラム ………………………………………………… 5
　　1　保育の制度と目的　*5*
　　2　保育の基本　*5*
　　3　正しい子ども観に立つ　*6*
　　4　計画的な環境の構成　*6*

3．これからの保育カリキュラムに求められるもの ……………………… 6
　　1　「社会に開かれた園づくり」という発想から　*7*
　　2　「育みたい資質・能力」と「幼児期の終わりまでに育ってほしい姿」　*8*

第2章　保育実践とカリキュラムの関係 ………………………………11

1．保育実践におけるカリキュラムの意義 ……………………………………11
　　1　カリキュラムは，保育の見通しを示し，楽しみをつくり出す　*11*
　　2　カリキュラムは，保育への共通理解を深める　*12*
　　3　カリキュラムは，保育者や子どもたちを守る　*12*

2．保育におけるカリキュラムの位置付け ……………………………………13
　　1　カリキュラムの種類　*13*
　　2　カリキュラム編成の流れ　*13*
　　3　特色あるカリキュラム編成の実践例　*15*

3．保育の質とカリキュラム・マネジメント …………………………………19
　　1　保育における活動内容とカリキュラム　*19*
　　2　子どもの主体性とカリキュラム　*19*
　　3　保育の質の向上とカリキュラム・マネジメント　*20*

第3章 保育所保育指針における「全体的な計画」「指導計画」の基礎理解 ……………… 21

1. 全体的な計画の目的－保育における意義－ ……………………………………… 21
2. 全体的な計画の内容と作成上のポイント ……………………………………… 23
1 全体的な計画の内容 *23*
2 全体的な計画の作成上のポイント *24*
3. 長期の指導計画と作成上のポイント ……………………………………………… 25
1 長期の指導計画とは *25*
2 長期の指導計画の作成上のポイント *25*
3 ３歳未満児の指導計画 *28*
4. 短期の指導計画と作成上のポイント ……………………………………………… 29
1 短期の指導計画とは *29*
2 短期の指導計画の作成上のポイント *29*
5. 指導計画をデザインするためのポイント ……………………………………… 31
1 主体的な遊びの展開 *31*
2 養護と教育の一体的な展開 *31*
3 保育者の「子ども理解」と「援助」 *31*
考えてみよう，ディスカッションしてみよう ……………………………………………… 34

第4章 幼稚園教育要領における「教育課程」「指導計画」の基礎理解 …………………… 35

1. 教育課程の目的－保育における意義－ ………………………………………… 35
2. 教育課程の内容と編成上のポイント …………………………………………… 36
1 教育課程の位置付け *36*
2 教育課程編成上のポイント *36*
3. 長期の指導計画と作成上のポイント …………………………………………… 38
1 １年間の保育実績を翌年度の仮説とする *38*
2 各期のつながりを考える *38*
4. 短期の指導計画と作成上のポイント …………………………………………… 39
1 ねらいとは *39*
2 子どもの要求と，保育者のねらいのズレをどうとらえるか *43*
3 遊びの楽しさ，おもしろさを共有し合う *44*
考えてみよう，ディスカッションしてみよう ……………………………………………… 45

第5章 幼保連携型認定こども園教育・保育要領における 「全体的な計画」「指導計画」の基礎理解 …………………… 47

1. 幼保連携型認定こども園の教育および保育の基本 ………………… 47
  1　幼保連携型認定こども園の制度的枠組み　*47*
  2　幼保連携型認定こども園の教育および保育の基本　*48*

2. 全体的な計画の目的－教育・保育における意義－ ……………… 49
  1　幼保連携型認定こども園における全体的な計画とは　*49*
  2　幼保連携型認定こども園における全体的な計画が果たす役割　*49*

3. 全体的な計画の内容と作成上のポイント ……………………… 50
  1　全体的な計画の内容　*50*
  2　全体的な計画の作成上のポイント　*51*

4. 長期の指導計画と作成上のポイント ………………………… 54
  1　長期の指導計画とは　*54*
  2　長期の指導計画の作成上のポイント　*54*

5. 短期の指導計画と作成上のポイント ………………………… 57
  1　短期の指導計画とは　*57*
  2　短期の指導計画の作成上のポイント　*59*

考えてみよう，ディスカッションしてみよう …………………………… 60

第6章 乳児保育における「指導計画」のデザインと 実践展開〈0・1・2歳児保育を中心に〉……………………… 61

1. 保育所保育指針に示された「乳児保育」「1歳以上3歳未満児の保育」の 視点 ……………………………………………………………… 61
  1　乳児保育の「3つの視点」　*61*
  2　1歳以上3歳未満児の保育は，保育内容「5領域」の観点で　*62*

2. 子ども一人一人を理解して自立に向けた生活習慣づくりから始めよう …… 63
  1　食事　*63*
  2　排泄　*65*
  3　睡眠　*65*

3. 運動機能の発達 …………………………………………………… 66

4. 心と関わりの育ち ………………………………………………… 66
  1　愛着関係　*66*
  2　泣きと笑い　*66*
  3　人見知り　*68*

目次 vi

4 言葉の発達－三項関係　*68*

5 自我の芽生え　*69*

5. 子ども一人一人の生活をデザイン（立案）する　69

1 一日の生活の流れを知る　*70*

2 生活デザインを計画に生かすためのポイント　*71*

3 計画の実際　*73*

4 保育を振り返る　*74*

6. 家庭との連携　75

1 保護者との信頼関係　*75*

2 保護者と保育者をつなぐ「連絡帳」　*76*

考えてみよう，ディスカッションしてみよう　78

第7章 幼児保育における「指導計画」のデザインと実践展開〈3・4・5歳児保育を中心に〉　79

1. 3・4・5歳児（3～6歳）の発達の特徴を理解することから　79

2. どのような活動で一日が構成されているのだろうか　81

1 一日の流れを知る　*81*

2 活動の意義を考える　*82*

3. 保育者は，指導計画をどのようにデザインするのだろうか　88

1 デザインのポイント　*88*

2 月案，週案，日案の立て方と実際　*89*

4. 保育実践につなげるための保育者の視点　96

1 保育を展開するとき　*96*

2 保育の後の振り返り　*96*

5. 家庭・地域との連携　97

考えてみよう，ディスカッションしてみよう　98

第8章 保幼小接続のカリキュラム　99

1. 保幼小連携の場合の「指導計画」の工夫（特色ある事例）　99

1 保幼小連携をめざすカリキュラムづくりの意義　*99*

2 事例から学ぼう　*106*

考えてみよう，ディスカッションしてみよう　110

第9章 記録・振り返り・評価から再立案へ………………………111

1. PDCAサイクルにおける記録……………………………………………111
　　1　保育実践を記録することの意味　*111*
　　2　カリキュラムをデザインするために　*111*

2. 指導計画と実践記録………………………………………………………112
　　1　1年間を通した記録　*113*
　　2　クラスの活動の記録　*116*
　　3　記録から学ぶ　*117*

3. 評価を保育実践に生かす…………………………………………………117
　　1　評価の方法　*117*
　　2　カンファレンスの大切さ　*117*

4. 記録の書き方のポイント…………………………………………………119

5. 小学校との接続を意識した記録…………………………………………120
　　1　小学校のスタートカリキュラムの位置付け　*120*
　　2　「保育所児童保育要録」「幼稚園幼児指導要録」「幼保連携型認定こども園園児指導要録」　*120*

考えてみよう，ディスカッションしてみよう………………………………………123

■索　引 ………………………………………………………………………124

第1章 カリキュラムの意義と保育の基本

　保育は，たくさんの可能性と将来への希望を秘めた乳幼児と共に生活をつくりだしていく，やりがいのある営みである。乳児期から保育施設を利用する子どもが増え，乳幼児期の教育の重要性が叫ばれている現在，保育者に求められる専門性はますます高まってきている。

　本章では，本書全体の導入部分として，まずはカリキュラムとは何かを理解し，新しい保育所保育指針や幼稚園教育要領等の保育の基本にのっとって，これからのカリキュラムはどうあるべきかについて考えてみよう。

1. カリキュラムの意味と歴史

1 カリキュラム（Curriculum）の意味（語源）

　通常，小学校以上の学校には教育課程を意味するカリキュラムというものがあり，学年ごとに学習目標や学習内容などが系統的に計画され，教師はそれに基づいて指導している。幼稚園や保育所等では遊びや生活が中心であり小学校以上のように教科の学習はないが，「保育の全体的な計画」や「教育課程」「指導計画」などのさまざまな計画があり，一般的にそれらは「保育カリキュラム」と呼ばれている。子どもたちの成長・発達に責任をもち，見通しのある保育を行う上で計画は重要な意味をもつ。では，そもそも「カリキュラム」とは，どのような意味だろうか。

　「カリキュラム　Curriculum」という英語は，ラテン語の「クレレ　currere」（走路，競走，コースという意味）に由来して教育学に応用され，「時間の経過」「履歴」「人生の来歴」などを意味する言葉となっている。なぜ，この言葉が教育や保育の世界に使われるようになったのか，興味深い。歴史的には16世紀のヨーロッパの大学で「学生が学修すべき内容を計画したもの」のことをカリキュラムという言葉で言い表したのが始まりで，その後，広く学校教育で使われ，スタート（入学）からゴール（卒業）までの教育内容を計画したもの，つまり「教育の順序」「教育の計画」を表す意味で用いられ，特にヨーロッパやアメリカで定着し，日本の学校では戦後になってアメリカの影響を受けて教育課程やカリキュラムという用語が広まっていった[1]。

---

[1]　吉本均責任編集：『現代授業研究大辞典』，明治図書，「カリキュラム」p.394（1987）参照。

2 カリキュラムのタイプ

カリキュラムは，先に述べたことから，教育の内容を学年あるいは年齢ごとに順序立てて計画したものである。教育の目標や内容に考え方によって，教科型のカリキュラムと経験型のカリキュラムという，大きく2つのタイプに区分され，通常，次のように対比されている。保育カリキュラムを考える上でも参考になるので，それぞれの特徴を理解しよう。

（1）教科カリキュラム

「学科カリキュラム」とか「学問中心カリキュラム」とも呼ばれ，学校での教育内容を編成していく際の主軸に諸科学・文化・芸術の領域をおいて，それらを教科として順序立てて構成していく考え方である。ここではいろいろな教科を系統的に教えることを通して，人類が蓄積してきた文化や科学の基礎を子どもは習得し知識や技能を身に付けることでその時代を生きていく力を得るとともに，新たな文化を創り出す可能性をもつことに教育の意義を見出す。

幼児教育でも，言葉の練習や知識・技能の系統的な習得を重視する場合には，このような「教科カリキュラム」に近い考え方がみられる。このカリキュラムでは，子どもは保育者から教えられて知識や技能を学んでいくという原則になり，「…を身に付けさせる」「…できるようになる」というように教えるべき目標から保育が展開される。そして，子どもが何に興味をもつかよりも，知識や技能として何を教えるか・何を身に付けさせるべきかということが重視されるので，教師中心の保育に傾きやすく，通常，幼児教育や保育には合わないだろう。

（2）経験カリキュラム

教科カリキュラムと対立するのが「経験カリキュラム」である。20世紀初頭の新教育運動[*2]の中で教師中心・学問中心の教育が批判され，児童中心主義の教育が登場したことと関連する。

ここでは，子どもの興味や関心，意欲が重んじられるので，教育内容の中心に子どもの日常生活の経験がおかれ，子どもが生活場面での問題を解決することを通して有意義な経験を積んでいくところに教育の意義を見出す。このカリキュラムでは，教科内容の系統的な配列という発想は取り払われ，日常生活の中で子どもが経験するさまざまな活動が主題として取り上げられるので，「活動カリキュラム」ともいわれる。

経験カリキュラムは，子どもの遊びや生活を重視する保育の世界では受け入れられやすい。だが単に子どもに経験させればよいというのではなく，子どもの興味や関心から出てくる行為の意味を保育者が読み取り，経験を広げていくための援助や環境を工夫していく場合に，このカリキュラムは有効に働く。今日の保育計画の記述に「子どもが…に関心をもち，…を楽しむ」とあるのは，このような経験カリキュラム・活動カリキュラムの考え方にねざしている。

3 わが国の保育の歴史におけるカリキュラム

日本の幼稚園や保育所の歴史の中では，どのようなカリキュラムの考え方があったのだろう

[*2]　新教育運動のデューイ（J.Dewey 1859-1952）は，アメリカの実験学校で子どもの生活を中心とした教育を実践して20世紀の「児童中心」の新教育を切り拓いた。Learning by doing（なすことによって学ぶ）は有名。

か。明治期の初めに日本で最初の幼稚園が創設されてから，すでに140年以上が経過したが，この間，さまざまな保育カリキュラムが生まれ，今日に至っている。保育の歴史を踏まえてカリキュラムを研究した宍戸は次の3つに分類[*3]しているので，参考にしながら説明をする。

（1）課業活動（設定保育）を軸とするカリキュラム

「課業」とは「学校などで課する学科や作業」を意味し，保育ではクラスの全員が同じ時間に同じ作業をする活動のことをいう。1876年（明治9年）に東京女子師範学校附属幼稚園が創設され，フレーベル式の保育が導入されたときのカリキュラムにみられるものであり，保育内容は「物品科，美麗科，知識科」という3科目と恩物の25子目からなっていた。計画は，**図1－1**のように恩物による活動が週単位で作成され，一日の保育は時間割のように配列され，園児たちは授業のように一斉に同じ活動をした。これは，先述の「教科カリキュラム」に基づくものであった。

	30分	30分	45分	45分	1時半
月	室内会集	体操	球ノ遊（第1箱）	図画（3倍線ノ直角等）	遊戯
火	同	同	小話	貝ノ遊ヒ	同
水	同	同	三形物（球・円柱・六角形）	畳紙（第1号ヨリ第4号ニ至ル　其ノ他簡易ノ形	同
木	同	唱歌	計数（1ヨリ10ニ至ル）及ヒ体操	鎖ノ連接	同
金	同	体操	形体積ミ方（第3箱ニ至ル）	針画	同
土	同	同	画解	木箸置キ方（6本ニ至ル）	同

図1－1　東京女子師範学校附属幼稚園の保育時間表の一部（第三ノ組　小児満3年以上満4年以下）
（文部省：『幼稚園教育百年史』，ひかりのくに，p.59，1979を参照，横書きにして筆者作成）

（2）遊びとその発展を軸とするカリキュラム

明治の終わりになると恩物中心の保育カリキュラムが批判され，1899年（明治32年）に「幼稚園保育及設備規程」が制定され，保育内容は「遊嬉，唱歌，談話，手技」の4項目となり，遊びを意味する「遊嬉」が最初に出てくる。さらに大正期にかけて，欧米の新教育運動の児童中心主義の考え方の影響を受けて，自由保育，生活保育の考え方が広まった。新たに登場したのが幼児の遊びを重んじる「子ども中心のカリキュラム」である。1926年（大正15年）には，「幼稚園令」が出され，保育内容は「遊戯，唱歌，観察，談話，手技等」の5項目となり，このような流れの中で登場したのが，幼児の遊びとその発展を軸とするカリキュラムである。

幼児の遊びの種類にはどのようなものがあるか，それはどのように発展していくのかという発想から考えられたカリキュラムである。戦後はアメリカの指導の下に，しばらく，子どもの経験としての遊びを重視した保育カリキュラムの時代が続いた。その代表的なものには，倉橋惣三の「系統的保育案の実際」（1953）がある。**図1－2**は，そのうちの一部である。

（3）集団生活を軸とするカリキュラム

戦後の経済が発展し1970年前後になると，乳児期からの集団保育が急速に普及してきたこと，また，早期教育ブームの中で幼稚園教育が小学校の教科の学習のようになってきたことなどの

[*3]　宍戸健夫：『日本における保育カリキュラム　歴史と課題』，新読書社（2017）

生活		保育設定案							
自由遊戯	生活活動	誘導保育案				課程保育案			
		主題	計画	期待効果	継続作業時間	唱歌・遊戯	談話	観察	手技
砂場で地下鉄遊び 戦闘ごっこ 人形中心のままごと	大きい組なっての諸注意 年少組に対する心得 先生や友達への挨拶について 廊下を走らぬこと いたづら書きをせぬこと等につき再び約束	おもちゃ作り	花籠, 風車, こまを作りて新入園児に贈る	年少者に対する心得 新来者を迎ふる心 手技	1週間	演戯 花咲爺 （同様唱歌名曲集全集） 唱遊 さくら （同様唱歌名曲全集）	アリババ―アラビアンナイト― 釈迦	とかげ たね蒔き （コスモス, 松葉牡丹等）	自由画 製作 花籠, こま, 風車

図1-2 系統的保育案（1953）の概要（一部） 4月第1週（4月8日ヨリ）
（文部省：『幼稚園教育百年史』, ひかりのくに, p.247, 1979を参照, 横書きにして筆者作成）

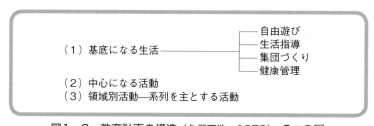

図1-3 教育計画の構造（久保田浩, 1970） 3つの層
（宍戸健夫：『日本における保育カリキュラム 歴史と課題』, 新読書社, p.157, 2017）

社会の変化から，保育所や幼稚園での保育のあり方が見直された。特に，乳幼児の発達特性や活動特性を考えてどのような保育内容を構成するかという観点から，「集団生活の発展」を土台にした保育カリキュラムが考えられた。

その代表的なものには，久保田浩『幼児教育の計画－構造とその展開』（誠文堂新光社，1970）などがある。久保田の案では，園での集団生活の発展と個々の子どもの発達を統一的にとらえて，生活を基盤として，遊びを主とする中心になる活動，そして領域別活動を盛り込んだ点に大きな特徴と成果がある。図1-3は，その構想の枠組みである。

以上のように，わが国の保育カリキュラムには，大きく3つの歴史的潮流がある。しかし，それらは単純にパターン化できるものではなく，その時代の子どもの生活実態や社会からの保育・幼児教育に対する要請や期待を受けて，「教科カリキュラム」と「経験カリキュラム」の間を揺れ動いてきたのが実際である（図1-1，図1-2，図1-3）。

2. 保育の基本とカリキュラム

1 保育の制度と目的

　児童福祉法に定められる保育所は，「保育を必要とする乳児・幼児」の保育を行う施設である（第39条）。保育所保育指針には，「生涯にわたる人間形成にとって極めて重要な時期に」「生活時間の大半を過ごす場」であり，その目標は「子どもが現在を最も良く生き，望ましい未来をつくり出す力の基礎を培う」こととされ，「養護と教育の一体化」をその特性としている。

　学校教育法第1条に定められる幼稚園は，目標として「義務教育及びその後の教育の基礎を培う」（同法第22条）ことがうたわれている。幼稚園教育要領には，幼児期の教育は「生涯にわたる人格形成の基礎を培う重要なもの」で，その基本は「幼児期の特性を踏まえ，環境を通して行う」とされている。

　また，認定こども園法*4（第2条第7項）によって定められる幼保連携型認定こども園は，その教育・保育要領において，「生涯にわたる人格形成の基礎を培う」「生きる力の基礎を育成する」ことが目的として示され，「環境を通して行う」ことが保育の基本とされている。

> 保育・幼児教育の目的（保育所，幼稚園，幼保連携型認定こども園に共通）
> ・生涯にわたる人間形成（または人格形成）の基礎を培う
> ・生きる力の基礎を培う
> ・義務教育およびその後の教育の基礎を培う

2 保育の基本

　さらに，制度上の違いから表現にいくらか違いがあるものの，保育所・幼稚園・認定こども園には，保育カリキュラムについて次のような共通した保育の基本が示されている。

> カリキュラムのための保育の基本（保育所，幼稚園，認定こども園に共通）
> ① 子どもの発達特性を踏まえ，環境を通して行う
> ② 主体的な活動が確保されるように
> ③ 子どもや家庭，地域の実態を踏まえる
> ④ 乳幼児期にふさわしい生活の全体が展開される

　それぞれの施設のカリキュラムについては，あとの章で具体的に述べられるが，保育カリキュラムはこのような制度上の制約を受けるものである。いずれにおいても「子どもの最善の利益」の保障という理念に基づいて，子どもの主体的な活動が確保されるように一人一人への理

---

*4　正しくは，「就学前の子どもに関する教育，保育等の総合的な提供の推進に関する法律」（平成18年法律第77号）で，略称「認定こども園法」という。

解と発達の予想をして，入園から修了するまでの期間の保育が計画的に構成されることが求められている。

3 正しい子ども観に立つ

　保育カリキュラムは，どのような保育内容をどのような順序で計画し，実践していくかという保育のあり方を表す大事なものであるが，保育の中心は子どもであることを忘れてはならない。どのような子ども観・保育観を理念としてもつかによって，保育カリキュラムの展開は大きく変わる。

　心身ともに未熟で，言葉での表現が十分でない乳幼児期の子どもは，「まだ，できない」「何も知らない」とみえるかもしれない。もし，そのような子ども観に立つと，与える保育・教える保育に傾く。今日の保育では，自発的な活動である遊びを中心として子どもの主体的な活動を促し，子ども自身が環境に関わり，能動的な学びの主体であることが重要視されている。このことは，子どもの自己活動を重視し消極的教育を唱えたフレーベル（F.Fröbel　1782-1852）の子ども観や，子どもの生活を大事にした倉橋惣三（1882-1955）の生活保育論にねざすものであり，子どもに学ぶ保育・子どもからの保育のあり方を問うていかねばならない。

4 計画的な環境の構成

　環境を通しての保育という方法原理が主張されてから，すでに30年間ほどが経過した。保育の環境は，保育者や子どもたちを中心とする人的環境，施設や遊具などの設備を中心とする物的環境，さらに，園の内外の自然環境，地域の社会環境などが総合的に働いて，多様な教育的資源となりうる。「環境を通して行う教育」の原則では，これらの環境に対して子ども自らが積極的に関わり，多様な有意義な体験することを通して発達を促そうとする。

　しかし，環境を通して行う教育は，子どもの好きな遊びや興味に任せることではない。身の回りにあるさまざまな環境に含まれている教育的価値を保育者が見出し，発達の見通しをもって，計画に取り入れていくときに本当の意味をなす。保育では，発達を見通し子どもが主体的に関われるような人的環境，物的環境，自然環境などを選び，年間の計画や学期の計画に編成していくことで，意味のある体験や学びができるように方向付けていく必要がある。

　同時に，計画はあくまでも予想であり，仮に案であるので，実際の子どもの活動に沿って，環境を見直し再構成し続けていくことが求められる。

3．これからの保育カリキュラムに求められるもの

　2017年には保育所保育指針，幼稚園教育要領，幼保連携型認定こども園教育・保育要領が同時に改訂（改定）され，保育制度の移り変わりとともに保育カリキュラムも変化してきている。とりわけ，グローバル化がいっそう進行していくこれからの時代において，幼児教育の重要性が認識され，保育の質が問われる中で，保育・幼児教育は新たな方向に向かっている。

1　「社会に開かれた園づくり」という発想から

　少子化，情報化，自然破壊の進行から，今の子どもたちは「子どもらしく」あることが容易ではない環境におかれている。乳幼児期に「子どもらしさ」を取り戻すには，心と体の調和的な発達を促す保育が，以前にもまして求められる。また，多様な文化や障がいのある人たち，世代の異なる人たちと共生できるように，お互いが違いを認めながら尊重し合い，力を合わせて生きていく「人と関わる力」の育成が求められる。家庭や地域との連携，小学校との連携や接続，子育て支援も，いっそう，要望されている。

　したがって，保育カリキュラムを考えていく際，このような社会の状況や要求に対応できるためには，園内だけの生活や活動だけという閉じられた園づくりではなく，社会とともにある「開かれた園づくり」の視点からの保育カリキュラムがこれからは求められる（図1-4）。

　社会に開かれた園づくりをめざすための保育カリキュラムは，園での生活や活動を中心に，大きく横と縦に2つの方向（軸）で同心円的な広がりをもつととらえられる。

① 横軸に広がりをもつものとして
　・家庭生活との密接なつながり（保護者支援，子どもの生活リズム，食育など）
　・地域との連携（自然，施設，伝統文化，さまざまな住民とのつながり）
　・専門機関との連携（保健所，児童相談所など）
② 縦軸に広がりをもつものとして
　・幼児期から児童期への発達の連続性（小学校との連携・接続，思春期までの発達の見通し）
　・一生発達し続けるプロセスとしての学びの連続性（生涯を通じた学びの力，人間性）

　保育カリキュラムを通して，子どもの現在（いま）と未来（あした）をつなげる保育を実現していくためには，それぞれの園において乳幼児期にふさわしい生活や活動をどのように展開し，生きる力の基礎としてどのような資質や能力を育んでいくのかを明確にしながら，社会と

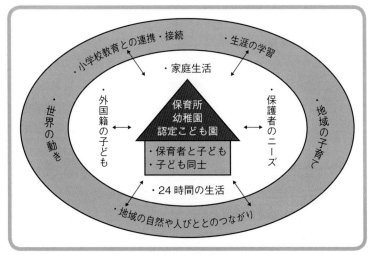

図1-4　開かれた園のイメージ

（豊田和子：『実践を創造する演習・保育内容総論　第2版』，みらい，p.19, 2018）

の結び付きを築いていく必要がある。ちなみに，2017年改訂の幼稚園教育要領では，このことを「社会に開かれた教育課程」という言葉が使われている。

2 「育みたい資質・能力」と「幼児期の終わりまでに育ってほしい姿」

（1）21世紀型の学力観の議論から

2017年に同時に告示された保育所保育指針，幼稚園教育要領，幼保連携型認定こども園教育・保育要領においては，乳幼児期の教育の重要性を強調した上で，この時期に育みたい資質・能力と幼児期の終わりまでに育ってほしい姿が共通に示された。

このようなことは今回の改訂（改定）がはじめてで，保育所，幼稚園，認定こども園に共通して，乳幼児期の教育がめざすべき目標が掲げられたということになる。その背景には，世界規模で進められている幼児期からの教育改革があり，国際化，情報化，人工知能化が急激に進んでいる現在，子どもたちがこれからの時代を生きていく上で必要な力とは何かという議論が起こっていることである。OECD（経済開発協力機構）を中心に，新しい学力観に基づく「キー・コンピテンシー」の考え方が広まっている。

OECDのキー・コンピテンシー（新しい学力観）
1. 個人と社会との相互関係に関する能力：社会，文化的，技術的ツールを相互作用的に活用する能力
2. 自己と他者との相互関係に関する能力：多様な社会グループにおける人間関係形成能力
3. 個人の自律性と主体性に関する能力：自律的に行動する能力

(無藤隆：『育てたい子どもの姿とこれからの保育』, ぎょうせい, p.11, 2018)

これからの時代の子どもたちに育みたい力とは，「自らが判断し（選択し），行動する力であり，コミュニケーションの力，協働性，主体的に参画する力など」[5]であり，2017年告示の保育所保育指針，幼稚園教育要領，幼保連携型認定こども園教育・保育要領にはこのような21世紀型の学力をめぐる議論が反映されている。

（2）幼児期に育みたい資質・能力について

2017年告示の保育所保育指針，幼稚園教育要領，幼保連携型認定こども園教育・保育要領では，生きる力の基礎として，乳幼児期に育むべき能力や資質をどのようにとらえていくべきかが具体的に示された。これまでは，漠然と身体的発達，社会的発達，言語の発達など発達の各分野で示されていたものが，21世紀型の新しい学力観に基づいて**図1-5**に示す3つの柱とされた。

3つの資質・能力は，教育面である5つの領域（「健康」「人間関係」「環境」「「言葉」「表現」）を踏まえて，遊びを通しての総合的な指導により一体的に育むことがめざされる。

それ以降の小学校や中学校等の教育においては〈生きて働く「知識・技能」〉，〈未知の状況

---

[5] 無藤隆編著：『育てたい子どもの姿とこれからの保育—平成30年度施行　幼稚園・保育所・認定こども園　新要領・指針対応—』, ぎょうせい, p.11（2018）

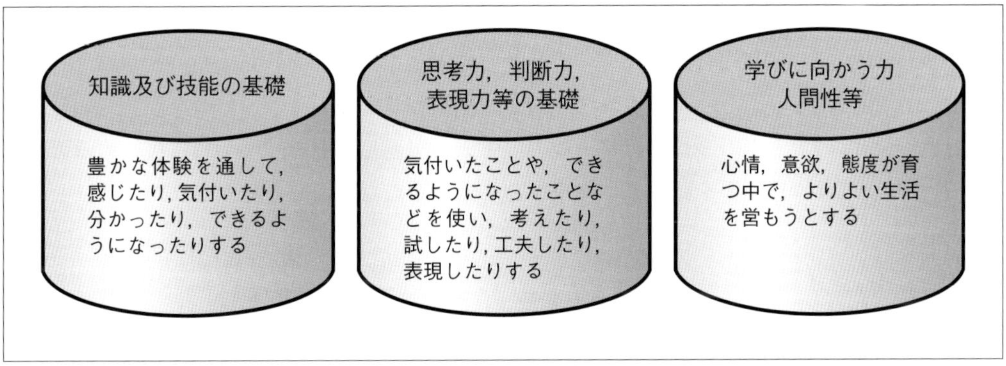

図1-5　幼児期に育みたい資質・能力

にも対応できる「思考力・判断力・表現力等」の育成〉，〈どのように社会・世界と関わり，よりよい人生を生きるか「学びに向かう力・人間性等」の涵養〉とされ，乳幼児期の教育によって育まれた資質や能力をその後の学校教育へとつなげていくことが明記された。

(3) 幼児期の終わりまでに育ってほしい姿

先の「幼児期に育みたい資質・能力」と教育面での5領域の内容・ねらいが統合されたものが，「幼児期の終わりまでに育ってほしい姿」であり，この10の姿には，知識や思考力，表現力，学びに向かう力などの要素が総合的に含まれており，カリキュラム編成に反映される（図1-6）。

保育所保育指針，幼稚園教育要領，幼保連携型認定こども園教育・保育要領には，幼児教育の課題として，次のような内容が同じように示された。

> 「幼児期の終わりまでに育ってほしい姿」は，第2章に示すねらい及び内容に基づく保育活動全体を通して資質・能力が育まれている子どもの小学校就学時の具体的な姿であり，保育士等が指導を行う際に考慮するものである。（保育所保育指針　第1章より）

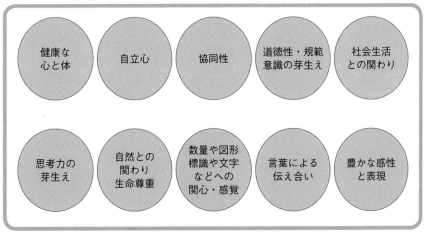

図1-6　幼児期の終わりまでに育ってほしい姿（10項目）

3つの指針・要領の解説によれば，「幼児期の終わりまでに育ってほしい姿」として示された10の項目は，「育ちの方向性」「指導の方向性」であり「到達目標」ではないとされ，そのプロセスが重視されるものだと説明されているが，小学校での生活や学習につながっていくための接点でもあるので，先の3つの資質・能力の育成と関連しながら，小学校に接続するカリキュラムにおいては，10の姿を踏まえて編成することが新たな課題として示されたことになる。

【参考文献】

・平成29年告示　幼稚園教育要領　保育所保育指針　幼保連携型認定こども園教育・保育要領〈原本〉，チャイルド社（2018）
・文部科学省：『幼稚園教育要領解説』，フレーベル館（2018）
・厚生労働省：『保育所保育指針解説』，フレーベル館（2018）
・内閣府，文部科学省，厚生労働省：『幼保連携型認定こども園教育・保育要領解説』，フレーベル館（2018）
・宍戸健夫：『日本における保育カリキュラム　歴史と課題』，新読書社（2017）
・文部省：『幼稚園教育百年史』，ひかりのくに（1979）
・無藤隆：『育てたい子どもの姿とこれからの保育－平成30年度施行　幼稚園・保育所・認定こども園　新要領・指針対応－』，ぎょうせい（2018）
・吉本均責任編集：『現代授業研究大事典』，明治図書（1987）
・豊田和子編：『実践を創造する　演習　保育内容総論　第2版』，みらい（2018）

第2章 保育実践とカリキュラムの関係

　保育実践においてカリキュラムはどのような働きをするのだろうか。また，どのような位置付けにあるのだろうか。本章では，豊かな保育実践を支える役割としてのカリキュラムであるためには，どのような事柄に留意して編成すればよいのか，保育実践と関連させながら考える。

1. 保育実践におけるカリキュラムの意義

1 カリキュラムは，保育の見通しを示し，楽しみをつくり出す

　保育実践においてカリキュラムを編成することの意義や活用の利点はどこにあるのだろうか。

（1）実践したい保育活動のヒントになる

　カリキュラムは，子どもにとっても保育者にとっても保育が楽しくなるように問題を整理してくれる。

　例えば，幼稚園や保育所等の実習が近づくと，責任（指導）実習で何をしたらよいのか悩む学生も多い。たとえそれが，絵本の読み聞かせや手遊び等の短時間の活動であっても，その選択に悩む。それは，レパートリーが限られている上に，対象児の発達状況や興味・関心などもわからず，その活動が対象児に適しているのか，つまり，子どもたちに楽しい，おもしろいと思ってもらえるものなのか，判断できないからであろう。また，担任保育者の場合でも，保育が思うようにできないと感じたり，何かほかにおもしろい遊びはないかと考えたり，反対に忙しすぎて考える余裕がなかったりすることもしばしばである。このようなときにこそカリキュラムが役立つ。

　カリキュラムには，子どもの発達の様子や興味・関心，好きな活動のヒントになる内容がまとめて記載されている。自分が実践したいと思う活動がその子どもたちにとって適切であるのか，ほかに考えられる活動はないのか，長期的，多面的視点から検討するための資料としてぜひ活用したい。

（2）子どもの発達を促す指針となる

　カリキュラムは，長期・短期的に子どもの発達を，調和的・系統的に助長するための指針となる。つまり，保育目標や日々の「ねらい」，教材研究，環境の構成，援助方法，それらの基盤となる発達過程の理解や子ども理解，遊び理解などについて考える手助けとなる。

例えば，年長児の保育で考えてみたい。年長児には，友だちと一緒に共通の目的に向かって意見を出し合いながら遊びを展開していってほしいと考える。それまでの発達の過程には，自分の思いを存分に出して保育者に受け止めてもらう時期，意見を主張することで友だちとぶつかり合い葛藤を感じる時期，相手の意見を取り入れることで遊びがおもしろくなることに気付く時期などが含まれている。発達の道筋を系統立てて理解し，長期的視点をもって現在の子どもを理解して援助していく上で，カリキュラムは欠かせないものである。

また，特定の分野の活動に偏り過ぎることなく，バランスよく成長・発達を促していくためにも，カリキュラムの存在は重要である。

❷ カリキュラムは，保育への共通理解を深める

カリキュラムは，保育者自身がどのような保育をしたいのかを明らかにしたものである。長期的なものや短期的なものなどさまざまではあるが，いずれにしても，カリキュラムを編成することで，どのような保育をしたいのか，自分自身と対話することになる。園全体で編成するならば，それは園全体での共通理解となり，保育方針となる。

このように，カリキュラムは保育観を明確化することに役立ち，それによって保育者同士が一貫性や連続性をもって保育を実施していくことが可能となり，組織性の向上につながる。保護者や外部の人に対しては，保育観や保育方針，保育内容を伝える資料となり，保育所・幼稚園・認定こども園の保育への理解を深めてもらうことにつながる。情報公開の手段でもある。

❸ カリキュラムは，保育者や子どもたちを守る

「保育所や幼稚園では，子どもたちは遊んでばかりいるのだから，先生たちは気楽でいいよね…」「子育て経験があれば，保育者に免許や資格はいらないんじゃない？」という考え方の人も世の中にはいるだろう。皆さんはどのように反論するだろうか。実際には，保育中は思考も行動もフル回転している。では，何を考えたり，援助したりしているのだろうか。

その答えを示しているのが，カリキュラムである。日々の子どもの遊びや生活の中に含まれる保育目標や援助の工夫を明らかにし，保育者がいかに思考しながら意図的な援助をしているかを示している。結果的に，保育者の専門性を証明する資料となり，子どもたちには一定の保育水準を保証することにつながる。保育は，何らかの教育的意図に裏打ちされた営みである。何気なく置いてあるような遊具一つをとってみても，そこには保育者の保育上の意図が含まれているのである。そのことをカリキュラムを通して多くの人々に伝えていきたい。

2．保育におけるカリキュラムの位置付け

1 カリキュラムの種類

　カリキュラムには，大きく3種類がある。全体的な計画，指導計画，デイリープログラム（日課表）である。それぞれの詳細は，第3〜7章を参照いただきたい。

（1）全体的な計画と教育課程

　全体的な計画は保育所や幼稚園，認定こども園ごとに1つ作成される。在園期間全体を見通した教育・保育計画（幼稚園においては「教育課程」）を中心に，保健計画や安全計画とも関連させながら園の保育目標や保育方針を示したものである。園長を中心として職員全員の検討の下に作成される。これにより，保育者の保育観に統一性が生まれ，一貫した保育方針で保育ができる。また，担任保育者にとっては，担当する子どもたちの発達状況を理解する手立てとなるとともに，どのような保育目標をもって保育を実施していけばよいか，長期的な見通しの下で保育を考えていくことができる。さらに，子どもたちがこれまでどのような保育を受けてきたのかを把握することも容易となり，連続性のある保育の実施が可能となる。

（2）指 導 計 画

　指導計画は，保育実践に直接関わる具体的な計画で，各担任が作成する。長期の指導計画としては，年間指導計画，期間指導計画や月間指導計画（月案）がある。季節や行事等にも配慮した長期的な見通しを明らかにした計画である。

　短期の指導計画としては，週間指導計画（週案），一日の指導計画（日案），ある部分の指導計画（部分案・細案）などがある。各園によってどの計画を作成するかは異なっており，なかには週案と日案を組み合わせた週日案や，週案を拡大した2週案などもある。長期の計画を参考にしながら，具体的な子どもの姿に応じた保育を創造し実践していくための計画である。

（3）デイリープログラム（日課表）

　デイリープログラム（日課表）は，園の学年・年齢別に一日の主な流れを示したものである。特に低年齢児の場合は，一日の中に授乳やおむつ交換，食事，おやつ，午睡などの決まった生活内容が多く含まれている。そこで，ある程度，毎日同じ流れで生活を進めること（日課）により，子どもたちも保育者も生活の見通しがつき，落ち着いて生活できるようになる利点がある。

2 カリキュラム編成の流れ

　カリキュラムを実際に編成する場合，保育者が一方的に保育を構想するわけにはいかない。第1章で述べられているように，これからのカリキュラムは，一人一人の子どもの豊かな人間形成をめざす保育カリキュラムでありたい。保育者が子どもの主体性を重んじ，それぞれの個性を尊重する中で，子どもは仲間と関わって自ら活動を選択し，いろいろな問題を解決しながら遊びを展開していく。結果として，子ども自身がその過程で自分に必要なさまざまな能力や

知識，心情を獲得していく保育をめざしたい。カリキュラム編成の流れを図2-1に示す。

（1）保育に関する基本的事項を把握する

保育を行うには，まず，現在の子どもの様子を知ることが第一である。何に一番興味をもっているのか，なぜその遊びがおもしろいのか，今，何に困っているのか，どうしたいと思っているのかなどを理解し，どのような力が子どもに育つと遊びがより充実していくのかを考える必要がある。

このような個々の子どもへの理解に加え，家庭・保護者の様子，子育てに関わる課題，保育に対するニーズ，就労する母親の増加傾向などの社会の動きと今後の見通し，国の保育・教育政策や関連する法令（学校教育法，児童福祉法，幼稚園教育要領，保育所保育指針等），基本的な発達過程を把握・理解し，保

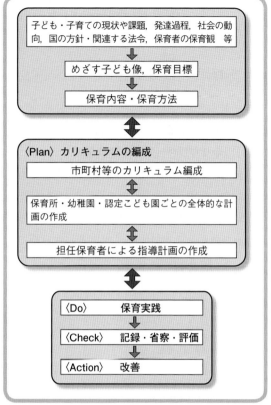

図2-1　保育の流れとカリキュラム編成
（筆者作成）

育者の保育観などをもとに，「めざす子ども像」や「保育目標」を検討していく。さらに，これまでに蓄積された実践経験を生かして「保育内容」や「保育方法」を検討していくのである。

これらの作業がカリキュラム編成である。公立園の場合には，市町村等で編成されるカリキュラムを受けて，各園でもカリキュラムを編成していく[*1]。各担任はそれを参考としながら，各クラスの実情に基づき，より具体的な指導計画を作成（Plan）し，保育を実施（Do）していくのである。

（2）カリキュラムを編成して保育を実践する

市町村のカリキュラムを，そのまま保育所・幼稚園等で使用しない理由は何だろうか。各園の保育者集団が独自のカリキュラムを主体的に創造していくことは，時間的にも容易ではない。例えば，仮に市町村で今週の週案や月案を作成し，地域で同じ教材を購入して同じ保育内容・方法で保育していけば，保育所・幼稚園等の均一化や保育準備の効率化につながるだろう。書類作成も少なくてすむ。しかし，はたしてそれで子どもの育ちに対応できるであろうか。多忙にもかかわらず，多くの職員が参加して子どもの発達状況や保護者等の地域の実情を考え，園が果たすべき役割を追究して具体的なカリキュラムを編成していく過程が，結果として保育に

---

*1　私立園におけるカリキュラム編成：例えば，仏教系やキリスト教系の団体で統一して編成された基本カリキュラムを使用する場合がある。

2．保育におけるカリキュラムの位置付け **15**

対する共通理解を生み，園として一貫性・統一性のある保育の実施や保育の質の向上につながるのである。

　保育実施後は，保育の振り返りを行い，記録に残す。この過程も保育者にはとても重要である。保育実践中は多数の子どもへの援助で余裕もない。保育後に一日を振り返り，一人一人の遊びや状況を思い出すことは，自己反省の場となる。喜びや驚き，嬉しさも多いだろう。それらも含めて省察・評価（Check）し，次に向けて改善（Action）していくことが重要であり，保育の楽しみでもある。記録・評価についての詳細は，第9章を参照されたい。

（3）次のカリキュラムを創造する

　これらの「Plan－Do－Check－Action」の過程の循環（PDCAサイクル）により，保育実践がそのままにされることなく，次のカリキュラムに生かされていくことになる。今年の保育の反省から各園のカリキュラムが変わり，翌年の保育に生かされるという話はよく耳にする。各園の保育の向上には，一人一人の保育者の実践と改善の蓄積が大きく貢献しているのである。

3 特色あるカリキュラム編成の実践例

　カリキュラムの形式は市町村や保育所・幼稚園等によって異なる。全体的な計画や教育課程に限っても，形式が詳細なものから大綱的なものまで幅広い。それは，保育観の違いや編成目的の違いによるものであるといえよう。編成の観点から特色ある事例を3つ紹介する。

事例1：保育所と幼稚園の共通カリキュラム

[1] カリキュラム編成の流れと理念

　K市の幼保共通カリキュラム編成時の考え方を，**図2－2**に示す。

① 　まず，下段の「子どもと子育て家庭の状況と課題」（子どもの変化，保護者の変化，地域の変化）を明らかにし，それらを背景にさらに「保育所・幼稚園での遊びの質の変化」を課題として提示している。

② 　これらから，乳幼児期に育てたい子どもの姿を5項目にまとめ，「こんな子どもに育てたい5本柱」としている。これが保育目標である。

③ 　そこに，国や地域の保育方針（法令，答申）を受けて「生活と遊びの充実」という保育内容・方法の方針を打ち出している。

④ 　保育のスローガンである市のめざす子ども像「友だちと楽しんで遊ぶ子～わたし大好き，友だち大好き，遊び大好き～」を導き出している。

　めざす子ども像や保育目標，保育内容・方法，子ども・子育てにみられる諸課題等が有機的に関連し，論理的で説得力のあるプランになっている。

[2] カリキュラムの内容

　この基本理念に基づき，より具体的な「保育のねらい」と「援助のポイント」を，次の4つの視点から年齢ごとにまとめている。

① 　人が人として生きていくための土台づくりとしての「基本的生活習慣」

② 　人に対する信頼感や思いやりの気持ちを育む「人と関わる力」

③ しなやかでたくましい体づくりをめざす「体を動かすこと」
④ 豊かな感性・知性につながる「探究心」

なお，「命を大切にする」視点は，①〜④の視点に含めている。

この分類は5領域とは異なるが，保育実践に反映しやすい構成であるといえよう。

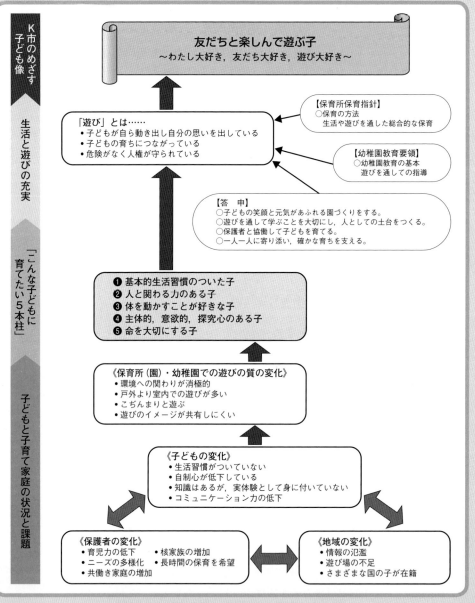

図2-2　幼保共通カリキュラムの考え方の例
(カリキュラム作成に係る調査推進委員会：『桑名市共通カリキュラム』，2010より)

事例2：具体的場面を豊富に掲載した保育カリキュラム

　H市内の公私立保育園全体で検討された保育カリキュラムは，総ページ数362という見事な大部の冊子である。このカリキュラムは，目の前の子どもの姿から子どもの発達や願いを深く理解すること，子どもの心情・意欲・態度を高める保育者の適切な援助のあり方を明らかにすることに留意して作成されている。

[1] カリキュラムの構成
　0歳児から5歳児までの6学年別に作成され，さらに1年を期に分けて記述している。
① 0歳児の「健康（全身運動）」の例（6期に区分）
- 0～3か月：首のすわるころ
- 4～5か月：寝返りの始まるころ
- 6～7か月：うつぶせのころ
- 8～9か月：はいはいのころ
- 10か月～1歳：つかまり立ちからつたい歩きのころ
- 1歳1か月～1歳3か月：ヨチヨチ歩きのころ

② 2歳児以上：1年を4期に区分。

[2] カリキュラムの内容
　内容面では，どの年齢児にも共通した項目として5つの「領域」と「遊び」があり，さらに年齢に応じて領域を分割したり，その他の項目を追加したりしている。
① 領域「健康」を分割して提示している例
- 1歳児：①食事，②睡眠・排泄・着脱・清潔・安全，③全身運動，④手指操作
- 5歳児：①食事，②安全，③生活習慣，④全身運動，⑤手指操作

② 各項目の内容：「子どもの姿・内容」「保育者の援助」「環境構成・配慮のポイント」「保護者とともに」で構成。特に「環境構成・配慮のポイント」欄においては，具体的な遊びの例やエピソードも多く取り上げられるなど，実に詳細なカリキュラムとなっている。

[3] 掲載例（5歳児：健康（全身運動）I期より）

```
＜鉄棒を連続して遊ぶために＞
・可動式の鉄棒を縦に並べる。
・固定式の鉄棒はジグザグに使う。
　このように複数の鉄棒を使うことで，一度の機
　会で繰り返し経験でき，待ち時間も少なくなり，
　より楽しく遊ぶことができます。
```

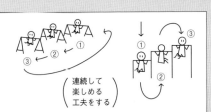

　全体を通して，実践に生かすことへの工夫と配慮が感じられるものとなっている。それだけに，そのまま保育に当てはめようとするのではなく，園やクラスの状況に応じて考えながら活用していく力量が保育者には求められる。
（広島市・広島市保育連盟：『広島市保育カリキュラム～作成の手引き～』，2011より）

事例3：幼小中一貫のカリキュラム

[1] カリキュラムの構成

　大学附属のK幼稚園は，幼小中12年間を見通したカリキュラムの研究を進め，「学びの一覧表」として発表している。通常，幼稚園と小中学校では教育課程の視点が異なり，小中学校は教科カリキュラム，幼稚園は経験カリキュラムを主としていることが多い。そこでこの園では，幼小中12年間の共通の学びの項目として10視点を導き出し，一貫性のあるカリキュラムを作成している。12年間共通の視点と具体的な下位項目を，**表2－1**に示した。

[2] カリキュラムの内容

　すべての項目について3歳児から「ねらい」があげられているわけではない。しかし，これらの10視点および40の下位項目からは，幼児期の学びの幅広さと義務教育とのつながりの密接さ，そして，幼児期が人間形成の基礎の育成に重要な役割を担っているということを改めて理解できるのではないだろうか。

表2－1　幼小中一貫のカリキュラム（10視点と40項目）の例

	視　点	下位項目		視　点	下位項目
1	自分の生き方	自ら決める・選ぶ	6	感動の表現	造形
		自分に満足する			音楽
		気持ちをコントロールする			文芸
		よりよい自分に向かう			身体・総合
2	人とのつながり	他者といる喜びを感じる	7	文字とことば	語彙・語句
		他者のことを知る			言い方・伝え方
		自分のことを伝える			ひらがな・かたかな
		他者のことを考えて行動する			ことばの使い方・つなげ方
		他者を賞賛する	8	数とかたち	かたち
		人と協力・共同する			数・量
		人とものごとをすすめる			空間
3	健全なからだ	精神的安定			計算
		安全	9	豊かなくらし	食
		健康			生活習慣
		運動			道具
4	自然との共生	自然環境			伝統行事
		生き物・いのち			住
5	ものと現象	事物			財
		現象	10	世の中のしくみ	公共施設
					メディア
					資源

（神戸大学附属幼稚園：『幼小をつなぐ幼児期のカリキュラム「神戸大学附属幼稚園プラン」の創造～10の方向・40の道筋で幼児教育を可視化する』，2012より）

3. 保育の質とカリキュラム・マネジメント

1 保育における活動内容とカリキュラム

　保育の一日にはいろいろな活動内容が含まれる。それらをカリキュラムの視点から分類すると，以下の3つに大別できる。

　① 「生活」場面に関わる活動内容：基本的生活習慣など，毎日の保育で繰り返し経験する中で次第に身に付いていく活動内容。例えば，登降園時の身仕度やあいさつ，食事，手洗い，トイレの使用など。

　② 子どもが主体的に取り組んで展開する活動内容：ごっこ遊びをはじめ，ブロック，製作，ボール，縄跳び，踊り，動植物との関わりなど，子どもの活動内容は多岐にわたる。これらの活動を通して，子どもの主体性や創造性，社会性，好奇心，思考力，判断力，表現力，コミュニケーション力などが培われるとともに，さまざまに必要な知識や技能も獲得していく。これらの活動をカリキュラム化するには，個々の子どもと遊び内容への深い理解と，長期的な見通しに立つ柔軟性のある計画を立案できる能力が重要である。そのためには実践において子どもと応答的な関わりをしながら，子どもがどのようなことに興味をもち，何を学ぼうとしているのか，何に困難を感じているのかを考え，意図的に創造的に援助を行う姿勢が必要である。

　③ 保育者が主になって計画的に取り入れる活動内容：保育者が計画して保育に取り入れることにより，子ども全員が体験する活動内容。例えば，絵本・紙芝居，歌，遊戯，楽器，栽培，体操，散歩，運動，行事などがある。

　このようにみてみると，保育では子どもが主体的に選択・判断して進める活動もあれば，保育者が計画して進めるほうが適している活動もある。そしてそれらは相互に良い影響を及ぼす関係にある。どちらかに限定するのではなく，子どもの現在の生活の充実と将来の自立を考えながら，子どもの成長・発達に必要な活動や環境を用意していきたい。カリキュラムではこれらのすべてを取り入れたものにしていく必要がある。

2 子どもの主体性とカリキュラム

　保育者が一方的に計画を立案し実施するのでは，子どもの主体性は育たない。保育者が作成したカリキュラムに子どもを合わせるのではなく，子どもの生活や興味・関心から出発したカリキュラムを作成し，そこに保育者が考える保育のねらいを込めていくことが重要である。それが乳幼児期に求められる保育のあり方でもある。

　子どもに「好きなことをして遊んでいいよ」と呼びかけても，現代の子どもの知っている遊びは限られており，自ら遊び出せない子も多い。つまり，子どもが主体的に活動したくなるような「仕掛け」が必要となる。それがいわゆる「環境の構成」であり，子どもが思わずやってみたくなるような物的環境や，意欲を高める人的環境が重要である。しかし，多種類の遊具やコーナーを並べればよいというわけではない。そこには，発達過程や個々の子どもの理解，計

画的・系統的な教育の視点と援助方法の検討，つまり，カリキュラムが必要である。

例えば，3歳児のごっこ遊びを考えてみると，一人一人の子どもが自分なりのイメージでそのものになりきってポーズをとっていたり，一人で積み木を動かしながらそのイメージの世界に没頭していたりする。あるいは，保育者に料理に見立てたものを渡し，やりとりをしながら自分の思いに共感してもらえる嬉しさを楽しんでいる様子もみられる。これらの遊ぶ様子をどのように読み取り，何に価値を置いて援助していくか，その手がかりになるものがカリキュラムであるといえるだろう。

3 保育の質の向上とカリキュラム・マネジメント

待機児童対策として保育所等が急増する中で，保育の質の向上も求められている。第1章で紹介したとおり，2017年に幼稚園教育要領等が改訂（改定）され，3つの育みたい資質・能力の考え方が導入されたり，保育所も幼児教育を行う施設として明記されたりしている。これらの取り組みに対しカリキュラムが重要な役割を果たすことはいうまでもない。

しかし，前述したように，カリキュラムにはPDCAサイクルにより絶えず見直しと改善が必要であり，それによって保育の質もさらに高めていくことができる。幼稚園教育要領では「カリキュラム・マネジメント」として，①全体的な計画にも留意しながら，「幼児期の終わりまでに育ってほしい姿」を踏まえ教育課程を編成すること，②教育課程の実施状況を評価してその改善を図っていくこと，③教育課程の実施に必要な人的または物的な体制を確保するとともにその改善を図っていくことなどを通して，教育課程に基づき組織的かつ計画的に各幼稚園の教育活動の質の向上を図っていくことを求めている。

園長の方針の下，全職員で子どもの実態に即して建設的な議論を行い，地域を含めた園内外の人材や環境を生かしてカリキュラムを作成していくことが求められている。

【参考文献】

・カリキュラム作成に係る調査推進委員会：『桑名市共通カリキュラム』（2010）
・広島市・広島市保育連盟：『広島市保育カリキュラム〜作成の手引き〜』（2011）
・神戸大学附属幼稚園：『幼小をつなぐ幼児期のカリキュラム「神戸大学附属幼稚園プラン」の創造〜10の方向・40の道筋で幼児教育を可視化する〜』（2012）
・厚生労働省：『保育所保育指針解説』フレーベル館（2018）
・文部科学省：『幼稚園教育要領解説』フレーベル館（2018）
・内閣府・文部科学省・厚生労働省：『幼保連携型認定こども園教育・保育要領解説』フレーベル館（2018）

第3章 保育所保育指針における「全体的な計画」「指導計画」の基礎理解

　保育所では，保育所保育指針に掲げられた保育の目標（第1章総則）を達成するために「保育の計画」を作成し，それに基づいて保育実践を行う。「保育の計画」は，保育所保育を包括的に示す「全体的な計画」と，それに基づき「長期の指導計画」および「短期の指導計画」など，具体的な保育が適切に展開されるための「指導計画」がある。本章では，保育所保育指針に基づいて「全体的な計画」「指導計画」の基礎理解を深めていく。

1．全体的な計画の目的－保育における意義－

　保育所における保育とは，子どもの主体性を尊重するとともに，一人一人の子どもの実態を踏まえ，環境を通して行うものである。そのためにどのように保育を展開していくのかについて，『保育所保育指針解説』（厚生労働省，2018，以下，保育指針解説とする）では次のように示されている。

> 　保育所において，保育の目標を達成するためには，子どもの発達を見通しながら保育の方法及び環境に関する基本的な考え方に基づき，計画性のある保育を実践することが必要である。（中略）保育所全体として一貫性をもって子どもの発達過程を見通しながら保育を体系的に構成し，全職員の共通認識の下，計画性をもって保育を展開していくことが重要である。生活する場や時間・期間がどのような状況であっても，入所している全ての子どもが「現在を最も良く生き，望ましい未来をつくり出す力の基礎を培う」ことができるよう，保育を展開していくことが求められる。
>
> （保育指針解説，pp.43-44）

　そして，保育におけるカリキュラムの位置付けとして，「全体的な計画」「指導計画」がある。「全体的な計画」については，保育指針解説に次のように記されている。

> 　「全体的な計画」は，児童福祉法及び関係法令，保育所保育指針，児童の権利に関する条約等と各保育所の保育の方針を踏まえ，入所から就学に至る在籍期間の全体にわたって，保育の目標を達成するために，どのような道筋をたどり，養護と教育が一体となった保育を進めていくのかを示すものである。（中略）
> 　この全体的な計画に基づき，その時々の実際の子どもの発達や生活の状況に応じた具体的な指

導計画やその他の計画を作成していく。すなわち，全体的な計画は，子どもの最善の利益の保障を第一義とする保育所保育の根幹を示すものであり，指導計画やその他の計画の上位に位置付けられる。 （保育指針解説，pp.44-45）

つまり，全体的な計画とは，保育所における保育の大綱が示されている計画であり，保育所の組織全体で作成する計画である。

全体的な計画の作成にあたっては，保育所保育指針「第1章総則　3保育の計画及び評価」に明記されている。要約すると次の3点となる。

① 子どもの発達過程を踏まえて，保育の内容が組織的・計画的に構成され，保育所の生活の全体を通して総合的に展開されるように作成する。

② 子どもや家庭の状況，地域の実態，保育時間などを考慮し，子どもの育ちに関する長期的見通しをもって適切に作成する。

③ 保育所保育の全体像を包括的に示すものとし，各保育所が創意工夫して保育できるよう作成する。

保育所は，「保育を必要とする乳児・幼児を日々保護者の下から通わせて保育を行うことを目的とする」児童福祉施設であると児童福祉法に定められており（第7条，第39条），児童福祉施設であるという保育所の特質から，保育所には子どもの命を守り，安定した生活の場であることが求められる。このような観点から，保育所保育指針「第1章総則　1保育所保育に関する基本原則（1）保育所の役割」に「養護及び教育を一体的に行うことを特性としている」との文言があり[*1]，養護と教育の一体的な展開について，「保育士等が子どもを一人の人間として尊重し，その命を守り，情緒の安定を図りつつ，乳幼児期にふさわしい経験が積み重ねられていくよう丁寧に援助することを指す」と保育指針解説（p.15）に記載されている。保育所保育においては，養護が基盤となり保育が豊かに展開されていくことが求められるのである。

保育所は，乳児から入園し，最長11時間の保育標準時間[*2]を保育所で過ごし，さらには，早朝・延長保育を利用する子どもも多い。そのため，保育所に入園する子どもは生活の大半を保育所で過ごしている。また，ひとり親家庭，特別な配慮を必要とする家庭など，さまざまな家庭環境の子どもがいることも想定される。このような乳幼児を取り巻くさまざまな状況を考慮しながら，入所から就学までの長期間にわたり，保育時間や在籍期間にかかわりなく，保育所における生活の全体を通して，保育所の全職員が計画作成に参画し，共通理解と共通認識の下に作成する。それにより，各保育所保育の全体像が職員間で共有されることになり，年度や担任が替わっても，連続性のあるねらいや援助の見通しをもった保育が展開されるのである。

[*1] 養護と教育：保育所保育指針によると，「養護」とは子どもの「生命の保持」および「情緒の安定」を図るために，保育者が行う援助や関わりである。また「教育」とは，子どもが健やかに成長し，その活動がより豊かに展開されるための発達の援助であり，「健康」「人間関係」「環境」「言葉」「表現」の5領域から構成される。

[*2] 保育標準時間：「子ども・子育て支援新制度」により，保育を必要とする事由や保護者の状況に応じて「保育標準時間」認定と「保育短時間」認定が保育の必要量として市町村によって定められる。

2．全体的な計画の内容と作成上のポイント

1 全体的な計画の内容

全体的な計画は，どのような内容で構成されているのかを次に示す。

① 保育理念・保育目標・保育方針

児童福祉法や児童の権利に関する条約等の関係法令を理解するとともに，保育所保育指針を理解する。その上で子どもの実態，子どもを取り巻く家庭や地域の実態，保護者の意向などを把握し，保育所に求められる保育のあり方を考え，保育理念・保育目標・保育方針を定める。

② 子どもの発達過程

乳幼児期の発達の特性と子どもの発達や生活の連続性を踏まえ，子どもの発達の道筋を発達過程としてまとめる（2008年改定の保育所保育指針「第2章子どもの発達」を参照，厚生労働省編：『保育所保育指針解説書』pp.32-54，2008）。

③ 保育の内容

保育所において，一人一人の子どもが自己を十分に発揮し，生活と遊びが豊かに展開される中で，乳幼児期にふさわしい経験が積み重ねられるよう「養護」と「教育（5領域)」の視点で具体的な「ねらい」と「内容」を考え，見通しをもって保育することが求められる。その際，乳児保育[*3]については，発達が未分化な状況であることから5領域で示される「ねらい及び内容」をそのまま使うのではなく，「健やかに伸び伸びと育つ」「身近な人と気持ちが通じ合う」「身近なものと関わり感性が育つ」の3つの視点で示されている（p.61参照）。これらの育ちは，その後の「健康・人間関係・環境・言葉・表現」の5領域の育ちにつながっていくものである。

④ 幼児教育を行う施設として共有すべき事項

2017年告示の保育所保育指針において，保育所は幼稚園・幼保連携型認定こども園と同じく幼児教育を行う施設として位置付けられた。幼稚園教育要領，幼保連携型認定こども園教育・保育要領との整合性が図られ，「幼児期に育みたい資質・能力」の3つの柱[*4]に基づくねらいや「幼児期の終わりまでに育ってほしい姿[*5]」が示されている（p.8参照）。

「養護」と「教育」を一体的に行う保育を展開する中で，幼児期の終わりまでに育ってほしい10の姿を意識しながら，資質・能力を育んでいく。

[*3] 乳児保育：一般的に保育所保育の0～2歳を乳児保育と称すこともあるが，2017年告示保育所保育指針では1歳に満たない乳児期の保育を「乳児保育」として，保育の内容が明示された。

[*4] 資質・能力の3つの柱：遊びを通した総合的な指導の中で一体的に育む力。「知識・技能の基礎」，「思考力・判断力・表現力等の基礎」，「学びに向かう力，人間性等」。

[*5] 幼児期の終わりまでに育ってほしい姿：5領域における「ねらい及び内容」に基づいて，幼児期にふさわしい遊びや生活を積み重ねることにより，資質・能力が育まれている就学前の子どもの具体的な姿を10の姿で表している。

⑤　その他，子育て支援等

　子どもの健康および安全への配慮などの保健計画，食育計画，保育所を利用している保護者に対する子育て支援，地域の保護者等に対する子育て支援，職員の資質向上等についても必要に応じて記載する。

　表3－1に全体的な計画の例を示した（p.26）。保育所の理念・保育目標を掲げた上で，子どもの発達過程に沿って，ねらいと内容を記している。先述した通り，「子どもの発達過程を踏まえて，保育の内容が組織的・計画的に構成され，保育所の生活の全体を通して総合的に展開されるよう」に作成されたものである。そして，幼児期の終わりまでに育ってほしい姿を具体的にイメージできるよう示されている。また，「養護」と「教育」のねらい・内容が掲げられており，保育所保育の特徴である。

2　全体的な計画の作成上のポイント

保育指針解説に，全体的な計画の作成の手順について参考例が以下のように示されている。

---

①　保育所保育の基本について，職員間の共通理解を図る。
②　乳幼児期の発達及び子ども，家庭，地域の実態，保育所に対する社会の要請，保護者の意向などを把握する。
③　各保育所の保育の理念，目標，方針等について職員間の共通理解を図る。
④　子どもの発達過程を長期的に見通し，保育所の生活全体を通して，第2章に示す事項を踏まえ，それぞれの時期にふさわしい具体的なねらいと内容を，一貫性をもって構成する。
⑤　保育時間の長短，在籍期間の長短，その他子どもの発達や心身の状態及び家庭の状況に配慮して，それぞれの時期にふさわしい生活の中で保育目標が達成されるようにする。
⑥　全体的な計画に基づく保育の経過や結果について省察，評価し，課題を明確化する。その上で，改善に向けた取り組みの方向性を職員間で共有し，次の作成に生かす。

（保育指針解説，pp.47-48）

　つまり，全体的な計画は，「保育所保育指針の理解」，「子ども，家庭，地域の実態等の把握」，「保育の理念，目標の共通理解」，「発達過程の長期的な見通し」，「保育指針に示されているねらい及び内容」，「幼児教育施設に求められること」などを踏まえ，「それぞれの時期にふさわしい保育が一貫性をもって行えるように作成」しなければならない。保育所保育の基本を押さえながら，各保育所の実態に応じて構成していくものである。そして，この全体的な計画に基づき，具体的な指導計画を作成していくことになる（図3－1）。

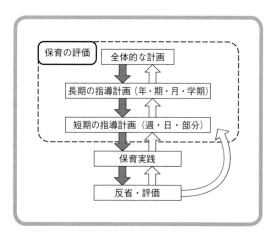

図3－1　全体的な計画と指導計画との関連

３．長期の指導計画と作成上のポイント

１ 長期の指導計画とは

　指導計画には，年・期・月等の長期的な見通しを示す「長期の指導計画」と，それをもとにさらに具体的な子どもの実態や生活に即した週・日・部分などの「短期の指導計画」がある。ここではまず，「長期の指導計画」について述べていく。

　長期の指導計画については，保育指針解説に次のように示されている。

> 　長期的な指導計画は，子どもの発達や生活の節目に配慮し，例えば１年間をいくつかの期に区分した上で，それぞれの時期にふさわしい保育の内容について作成する。家庭及び地域とのつながりや行事等と日常の保育のつながりに配慮することが重要である。　　（保育指針解説，p.48）

　表３－２（p.28）に保育所において作成されている長期の指導計画の一部として２歳児の年間指導計画を示している。長期の指導計画においては，子どもがさまざまな経験ができるように保育に見通しをもつことが重要となる。１年間の保育の見通し，あるいは１か月間の保育の見通しをもち，保育の展開をイメージして，それぞれの時期にふさわしい保育の内容として長期の指導計画を作成する。

２ 長期の指導計画の作成上のポイント

　長期の指導計画を作成するにあたっては，前述したように子どもがさまざまな経験ができるよう保育の展開をイメージしていくことが必要である。作成するためのポイントを，以下の５点で示す。

① 　子どもの実態の把握
② 　具体的な「ねらい及び内容」の設定
③ 　環境の構成の具体化
④ 　活動の予測
⑤ 　保育者の援助のあり方の予測

　上記ポイントの②における具体的な「ねらい及び内容」を設定する際には，①の「子どもの実態」から「全体的な計画で示したねらい及び内容」を具体化し，子どもに育てたいことは何かをとらえていく必要がある。そして，保育所における生活の中でさまざまな経験ができるように計画性をもって保育を展開できるような指導計画が求められる。

26 第3章　保育所保育指針における「全体的な計画」「指導計画」の基礎理解

表3−1　全体的な計画例（一部省略）

保育理念	● 保育を必要とする乳幼児の保育を行い，子どもの最善の利益を考慮し，その健全な発達を図る。 ● 保育所における環境を通して，養護及び教育を一体的に行う。			
保育目標	○ 子どもが現在を最も良く生き，望ましい未来をつくり出す力の基礎を培う。 ○ 保護者の意向を受け止め，子どもと保護者の安定した関係に配慮し，保育士の専門性を生かして援助する。 ○ 幼児期に育みたい資質・能力の基礎を培う。 ○ 幼児期の終わりまでに育ってほしい姿を見通し，遊びを通して5領域が総合的に育つようにする。			
発達過程	（1）乳児 ・心身の未熟性 ・著しい身体的成長と感覚の発達 ・首がすわる，寝返り，腹ばい ・表情の変化，体の動き，喃語などによる表現 ・応答的関わりによる情緒的な絆の形成 ・座る，はう，立つ，つたい歩き，手を使う等，運動機能の発達により探索活動が活発になる ・大人との関わりが深まり，やりとりがさかんになる ・愛着と人見知り ・離乳食から徐々に幼児食への移行		（2）1歳以上3歳未満児 ・歩行の開始と言葉の習得 ・さまざまな運動機能の発達による行動範囲の拡大 ・見立てなど象徴機能の発達 ・周囲への関心や大人との関わりの意欲の高まり ・基本的な運動機能の伸長や指先の機能の発達 ・食事，衣類の着脱，排泄など，自分でしようとする ・語いの増加，自己主張の高まり，自我の育ち ・模倣やごっこ遊びを楽しむ	

			保育のねらい・内容		
	年齢	**0歳児**		**1歳児**	**2歳児**
養護・教育	生命の保持　情緒の安定　健やかに伸び伸びと育つ　身近な人と気持ちが通じ合う　身近なものと関わり感性が育つ	◎保健的で安全な環境をつくり，常に身体の状態を細かく観察し，疾病や異常の発見に努め快適に生活できるようにする。 ・身体発育や健康状態を的確に把握しながら，一人一人の子どもの生理的欲求を十分に満たし，保育士等の愛情豊かな受容により，清潔で気持ちのよい生活ができるようにする。 ◎一人一人の子どもの生活リズムを重視して，食欲，睡眠，排泄などの生理的欲求を満たし，甘えなどの依存的欲求を満たして情緒の安定を図り，愛着関係を育んでいく。 ・おむつが汚れたら，優しく言葉をかけながらこまめに取り替え，きれいになった心地よさを感じることができるようにする。また，一人一人の排尿間隔を把握し，徐々におまるなどの排泄にも興味をもてるようにする。 ◎安全で活動しやすい環境を整え，姿勢を整えたり，移動したり，いろいろな身体活動を十分に行う。 ・寝返り，はいはい，お座り，つたい歩き，立つ，歩くなどそれぞれの状態にあった活動を十分に行うとともに，つまむ，たたく，引っぱるなどの手や指を使って遊びを楽しむ。 ◎特定の人との関係の下で安心して過ごす。 ・泣く，笑うなどの表情の変化や体の動きや喃語で感情を表現したり，欲求を伝えようとしたりする。 ◎喃語や片言を優しく語りかけてもらい，発語しようとする。 ・気持ちや欲求に応答してもらい，受け止めてもらった心地よさを感じたり，安心感をもったりする。 ・喃語や片言を優しく受け止めてもらい，保育士等とのやりとりを楽しむ。 ◎見たり，聞いたり，触れたりする経験を通して，外界に対する興味をもつ。 ・保育士等に見守られて，周囲のもので安心して遊ぶ。 ◎安心できる人的物的環境の下で絵本や玩具，身近な生活用具などを，見たり，触ったりする機会を通して，身の回りのものに対する興味や好奇心をもつ。 ・保育士等に見守られて，玩具や身の回りのものでひとり遊びを十分に楽しむようにする。	生命の保持　情緒の安定　健康　人間関係　環境　言葉　表現	◎健康的で安全な環境づくり，一人一人の子どもの身体の状況を観察し，睡眠など適切な休息を用意し，快適な生活ができるようにする。 ・一人一人の子どもの生活リズムを大切にしながら，安心して昼寝などができ，適切な休息ができるようにする。 ・一人一人の子どもの生理的欲求や甘えなどの依存的欲求を満たし，生命の保持と情緒の安定を図る。 ・身体発達や健康状態を的確に把握しながら，一人一人の子どもの生理的欲求を十分に満たし，保育士等の愛情豊かな受容により，清潔で気持ちのよい生活ができるようにする。 ◎さまざまな生活，遊びを通して，自由な活動を十分に行い，体を動かすことを楽しむ。 ・登る，降りる，跳ぶ，くぐる，押す，引っぱるなどの運動を取り入れた遊びや，いじる，たたく，つまむ，転がすなどの手や指を使う遊びを楽しむ。 ◎安心できる保育士等との関係の下で，食事，排泄などの活動を通して，自分でしようとする気持ちが育つ。 ・楽しい雰囲気の中で，スプーンやフォークを使って，一人で食事をしたり間食を食べたりするようにする。 ・身の回りのさまざまなものを自由にいじって遊び，外界に対する好奇心や興味をもつ。 ・保育士等に見守られ，戸外遊び，ひとり遊びを十分に楽しみ，好きな玩具や遊具，自然物に自分から関わり十分に遊ぶ。 ◎保育士等に話しかけられる心地よさや嬉しさから言葉を使うことを楽しむ。 ・興味のある絵本を保育士等と一緒に見ながら，指さしをしたり，簡単な言葉の繰り返しや模倣をしたりして遊ぶ。 ◎身近な音楽に親しんだり，体の動きを楽しんだりする。 ・保育士等と一緒に歌ったり，簡単な手遊びをしたり，絵本を見たり，体を動かしたりして遊ぶ。	（略）

2. 全体的な計画の内容と作成上のポイント　27

社会的責任	・子どもの人権を尊重する ・地域社会との交流を図るとともに，保護者へ説明責任を果たす ・個人情報の適切な取り扱いと苦情解決の責任		
発達過程	（3歳以上児-前半期-） ・基本的生活習慣の形成 ・話し言葉の基礎の形成，知的興味・関心の高まり ・友だちとの関わりが増えるが平行遊びも多い ・予想や意図，期待をもった行動 ・全身のバランス力，体の動きが巧みになる ・自然など身近な環境への関わり方や遊び方を体得 ・自意識の高まりと葛藤の経験，けんかが増える ・想像力，感情が豊かになり少しずつ自分をコントロールできるようになる	（3歳以上児-後半期-） ・基本的生活習慣の確立 ・運動遊びなど全身を動かして活発に遊ぶ ・仲間とともに遊ぶ中で規範意識や社会性を体得 ・判断力・認識力の高まりと自主性・自律性の形成 ・滑らかで巧みな全身運動，意欲旺盛で快活 ・仲間の意思の尊重，役割分担や共同遊びの展開 ・経験や知識を生かし，創意工夫を重ねる ・思考力や認識力の高まり，自然・社会現象などへの興味 ・関心の深まり，自立心の高まり	幼児期の終わりまでに育ってほしい姿

		保育のねらい・内容			
	年齢	3歳児	4歳児	5歳児	
養護・教育	生命の保持　情緒の安定　健康　人間関係　環境　言葉　表現	◎一人一人の子どもの欲求を十分に満たし，生命の保持と情緒の安定を図る。 ・保育士等にさまざまな欲求を受け止めてもらい，保育士等に親しみをもち，安心感をもって生活する。 ◎食事，排泄，睡眠，衣服の調節等の身の回りの始末のしかたや生活のしかたを身に付ける。 ・食事，排泄，睡眠，休息など生理的欲求が適切に満たされ，快適な生活や遊びをする。 ◎戸外遊びを十分にするなど遊びの中で，体を動かす楽しさを味わう。 ・戸外で十分に体を動かし，さまざまな遊具や用具などを使った運動や遊びを楽しむ。 ◎身近な人と関わり，友だちと遊ぶことを楽しむ。 ・身近な人々の生活を取り入れたごっこ遊びを楽しむ。 ◎身近な環境に興味をもち，自分から関わり，生活を広げていく。 ・身近な動植物や，自然現象をよく見たり，触れたりして，親しみや愛情をもつ。 ◎生活に必要な言葉がある程度わかり，したいこと，してほしいことを言葉で表す。 ・自分の思ったことや感じたことを言葉に表し，保育士等や友だちと言葉のやりとりを楽しむ。 ◎さまざまなものを見たり，触れたりして，おもしろさ，美しさなどに気付き，感性を豊かにもつ。 ・さまざまな素材や用具を使って，描いたり，もてあそんだり，好きなように造形を楽しむ。 ◎感じたことや思ったことを描いたり，歌ったり，体を動かしたりして，自由に表現しようとする。 ・動物や乗り物などの動きをまねて体で表現することを楽しむ。	（略）	◎健康，安全に必要な基本的な習慣や自主協調の態度を身に付け，理解して行動できるようにする。 ・健康，安全など生活に必要な基本的な習慣や態度が身に付き，自分の体を大切にしようとする気持ちが育ち，自主的に行動できるようにする。 ・保育士等との信頼関係の中で，自分の気持ちや考えを安心して表すことができるなど，情緒の安定した生活をする。 ・食事のしかたやマナーが身に付き，体と食べ物の関係に関心をもつ。 ◎全身の機能をさまざまに使い，自ら挑戦したり意欲的に遊ぶ楽しさを味わう。 ・集団遊びや，やや複雑な行動を行うなどさまざまな遊びを楽しむ。 ◎仲間と同じ目的をもって遊び，協力したり工夫したりして遊ぶ中で友だちへの親しみや信頼感を高める。 ・自分の思いを友だちに伝えたり，友だちの気持ちを聞いたり，一緒に考えたりして同じ目的に向かってイメージを共有して遊ぶ。 ◎身近な環境や自然などに自ら関わり，さまざまな事物や事象と自分たちの生活との関係に気付き，それらを生活や遊びに取り入れ，生活の経験を広げる。 ・近隣の生活に興味や関心をもち，人々がさまざまな営みをしていることに気付く。 ・異年齢の子どもとの関わりを深め愛情をもったり，地域のお年寄りなど身近な人に感謝の気持ちをもったりする。 ◎絵本や童話，視聴覚教材などを見たり，聞いたりして，さまざまなイメージを広げるとともに言葉に対する感性が豊かになる。 ・人の話を注意して聞き，相手にわかるように話す。 ・日常生活に必要な標識や身近にある文字などに興味や関心をもつ。 ◎感じたことや思ったこと，想像したことなど工夫して，目標をもっていろいろな方法で表現する。 ・感じたこと，想像したことを言葉や体，音楽，造形などで自由に表現したり，演じたりするなど，さまざまな表現を楽しむ。	健康な心と体　自立心　協同性　道徳性・規範意識の芽生え　社会生活との関わり　思考力の芽生え　自然との関わり・生命尊重　数量や図形，標識や文字などへの関心・感覚　言葉による伝え合い　豊かな感性と表現

28　第3章　保育所保育指針における「全体的な計画」「指導計画」の基礎理解

表3-2　年間指導計画例（2歳児，一部抜粋）

年間目標	♡　保健的で安全な環境の下に，快適に生活できるようにする。 ♡　一人一人の子どもが安心して自分の気持ちを表し，保育者に受け止めてもらいながら情緒の安定を図る。 ●　保育者と一緒に全身や手指を使う遊びを楽しむ。 ●　安心できる保育者に見守られながら，食事，排泄などの身の回りのことを自分でしようとする。 ●　保育者を仲立ちとして，生活や遊びの中で言葉のやりとりや見立て・つもり遊びを楽しむ。 ●　身近にあるものを保育者や友だちと一緒に見たり，聞いたり，触れたりして楽しさを感じる。		
月	4・5月 （自我の拡大） 6・7・8月	9・10・11・12月（自我の充実）	1・2・3月
子どもの姿の特徴	（略）　（略）	●　鉛筆の持ち方でスプーン・フォークを使おうとする。 ●　おしっこ・うんちを知らせ，ズボンやパンツを脱いでトイレに行くようになる。 ●　走る，跳ぶ，登る，押す，引っ張って遊んだり，足を交互に出して昇り降りできるようになる。 ●　脱いだ服をたたもうとする。 ●　絵本のストーリーがわかってくる。 ●　保育者や友だちのしていることに興味をもち，模倣したりして遊ぶ。	（略）
ねらい♡○ 内容♥●	（略）　（略）	♡　こだわりや自己主張など，子どもの気持ちを受け止め，安心して思いを出すことができるようにする。 ○保育者や友だちと全身や手・指を使って遊ぶ楽しさを感じる。 ○保育者や友だちと見立てて遊んだり，「○○のつもり」を楽しむ。 ○「自分でやりたい」気持ちを表し，身の回りのことを繰り返ししようとする。 ♥　優しく見守ったり，子どもの思いを代弁したりして，思いを受け止める。 ●散歩を通して坂・草の上・砂利などいろいろなところを歩いたり，木の実・葉・小石などを集めたりして遊ぶ。 ●跳び箱から飛び降りる，鉄棒にぶら下がる，ジャンプするなど体を動かして遊ぶ。 ●「○○のつもり」，「なったつもり」で遊ぶ。	（略）
環境構成と援助	（略）	生活習慣の自立に向けての環境 ◎「自分で」との気持ちを大切にして ・一人でできるからと「やらせる」ことに走らず，おおらかさや優しいまなざしで子どものやる気や自身につなげる。 　　　　　　　全身・手指を使って遊びができる環境 ◎まねっこ，模倣遊びができるように ・身近なものを遊びに取り入れるよう心がけ，子どもの探究心や五感を大いに刺激する。	（略）
食育	（略）	・正しいスプーンの持ち方やスプーンと器を片手ずつ持って食べるなど一人一人丁寧に繰り返し伝えていくが，焦らず「楽しい雰囲気の食事」を心がける。 ・給食に出る食べ物や絵本の食べ物を見たり，ままごと遊びをしたりして，食べることへの関心をもつ。	（略）
子育て支援	（略）　（略）	「自己主張」～思いを理解して～ ・「～したい」「もっと～」という子どもの要求の中には，「思い」が込められている。一方的に叱るのではなく「～したかったんだね」と「思い」を理解する言葉をかけると「自分が尊重された」と感じ，気持ちを切り替えることができ，自分をコントロールする力が育ち始めることを理解していただけるような伝え方をする。	（略）

❸　3歳未満児の指導計画

　3歳未満児は，心身の発育・発達が顕著な時期であることや個人差も大きいため，一人一人の子どもの状態に合わせた保育が展開できるよう個別の指導計画を作成することが保育所保育指針において義務付けられている。特に，3歳未満児は一人一人の生育歴の違いも考慮し，24時間の生活を見通し，家庭と保育所の生活が連続していることを踏まえ，家庭と緊密に連携を取らなければならない。また，保護者の思いを受け止めながら，「子どもの育ちを喜び合う」という基本姿勢をもつことが重要である。

　3歳未満児の個別の指導計画は，月ごとに立案することを基本としながら，子どもの実態に合わせて柔軟に保育ができるような対応が必要である。

4. 短期の指導計画と作成上のポイント

1 短期の指導計画とは

　短期の指導計画は「長期的な指導計画に関連しながらより具体的な子どもの日々の生活に即した計画」であることが保育所保育指針で示されている。短期の指導計画の種類としては，前述したように週・日・部分などがある。これらの指導計画は，長期の指導計画を踏まえ，その時期の子どもの実態に合わせて具体的に作成されるものであり，子どもの興味や遊びに合わせて環境を再構成したり，新しい環境を用意したりするなどの配慮が必要である。

2 短期の指導計画の作成上のポイント

　具体的な子どもの日々の生活に即した短期の指導計画を作成するために，以下のようなポイントがあげられる[6]。**表3-3**には，週間指導計画（週案）の例を示した。
　① 子どもの姿をとらえる
　　生活の仕方，遊びの様子，保育者や友だちとの関わりなどについて，変化したことや気になることを明確にする。
　② ねらいを考える
　　クラスの子どもの今育ちつつあるものをとらえる。
　③ 内容を考える
　　感じてほしいこと，思ってほしいこと，やろうとしてほしいことなど内面的な経験を具体的に考える。
　④ 予想される子どもの活動
　　一日の生活の流れ（デイリープログラム），子どもの育ち，活動の連続性，季節的なことなど活動選択の視点をもって予想する。
　⑤ 環境の構成
　　活動が生まれるきっかけづくりとして，安定した生活の拠点として，③の内容，④の活動選択の視点を受けて，子どもの動きの予想と安全面の配慮として，構成する。
　⑥ 保育者の援助・配慮
　　子どもの興味・関心への対応，保育者の動き・姿勢・言葉の意味，遊びの楽しさの共有と手立て，生活の仕方・ものの扱い方を知らせる方法などを子どもが主体的に取り組めるように考える。
　保育を展開するにあたって重要なことは，子どもが主体的に生活や活動に取り組んでいけるような保育者の姿勢である。また，指導計画を作成しても，時には保育者の予想とは違う姿を

---

*6　小笠原圭編：『保育の計画と方法　第5版』，同文書院（2017），図4-3「週案・日案を考えるポイントのまとめ」より抜粋。

表3-3 週間指導計画例（4歳児，10月第4週，一部抜粋）

ねらい	【養】◎一人一人の体調に気を配り，健康に過ごせるようにする。 【教】◎いろいろな遊具を使い，友だちと一緒に，体を動かして遊ぶ楽しさを味わう。 ◎秋の自然物を取り入れてさまざまに使って遊ぼうとする。	内容	【養】○手洗い時の腕まくりや衣服の調節を促し，健康に過ごせるよう，体調の変化に気を配る。 【教】○ビールケース・板などの用具を，相談しながら組み合わせて遊ぶ。 ○走る・跳ぶなど体を動かして遊ぶ。 ○秋の自然物を使い，廃材と合わせて作ったり，飾ったり，転がしたりして遊ぶ。

○環境の構成　◎予想される活動　★保育者の援助等

友だちと相談しながら組み合わせて

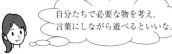

自分たちで必要な物を考え，言葉にしながら遊べるといいな。

◎可動遊具を使い，さまざまに形を変えながら，組み合わせて友だちとサーキット遊びをする。
◎「マットを敷こう」「寝転がろう」など友だちと相談し，必要な物を用意してキャンプごっこをする。
◎自分の思いどおりにならなくて怒る。
◎作りたい形が異なり，もめる。

○タイヤ10個・ビールケース30個，板（長45枚・小16枚）風呂マット（10枚）風呂椅子（9個）は使いやすいように，砂場・倉庫前・園庭の隅の3ヵ所に分けて置く。
○ビニールシート（大3枚・小4枚）の角に紐をつけ，カゴに入れておく。
○砂場・折りたたみ鉄棒にビニールシートを結び付けたり，懐中電灯をぶら下げておく。

★「だんだん形ができてきたね」などイメージが実現できる喜びやそれを使って遊ぶ楽しさを味わえるように声をかけていく。
★友だち同士で話をしながら，遊ぶ場を作っているところを見守り，「テントの中で寝られるね」など子どもたちの発想やアイデアを認めていく。
★思いのぶつかり合いの場面では，互いの話を聞き，思いを受け止め，「○○くんは〜したかったんだって」と伝えていくことで，相手の気持ちにも気が付けるよう仲介する。思いが重なっているところは知らせ，どうしたらよいのか投げかけていく。

友だちと一緒に体を動かして

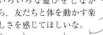

いろいろな遊びをしながら，友だちと体を動かす楽しさを感じてほしいな。

◎氷鬼などの鬼ごっこをする。
◎ジャンプやジグザグ走りをする。
◎鉄棒で，前回りや逆上がりをしようとする。
◎跳び箱に挑戦する。

○跳び箱・跳び板・マットを固定鉄棒の近くに出しておく。
○鉄棒で保育者の体を補助具代わりに登れるようにする。
○コーン・バーを並べて置き，ジグザグの線を書いておく。

★体を動かした後の気持ちよさや友だちと一緒の楽しさを共感していく。
★できるようになりたい気持ちを受け止め，コツを知らせていく。「さっきより足が上がっていたね」など意欲が増すような働きかけをしていく。

いろいろな廃材を使いながら，木の実を使って

戸外で遊んだ経験から，室内でも，いろいろな物の使い方を考えながら木の実を使って遊べるといいな。

◎牛乳パックやペットボトルをつなげる。ダンボールやビールケースの上に乗せて，傾斜を作り，どんぐりを転がす。最後まで転がらないときは，形や置き方を変える。
◎砂場で作ったケーキやプリンに木の実を飾り付ける。木の実に顔を描き，飾りを作る。
◎廃材にくっつけて，ボタンにするなど部品として使う。

○室内用ビールケースを10個，同じ大きさのダンボール5個・樋の短いもの・木板5枚・透明ホース・排水ホースを玄関ホールに出しておく。牛乳パックは，そのままのもの・底なし・縦半分20個ずつをカゴに入れておく。ペットボトルは筒状にし，切り口にビニールテープを巻いておく。テープカッターで切れるガムテープ・セロテープを用意する。
○どんぐりは種類別に表示をして箱に入れておく。図鑑を側に置いておく。
○レースペーパーをラミネートして目の届くところに飾っておく。

★子どもの作りたい形をわかりやすく絵に描き，みんなに伝わるようにする。
★「うまくいったね」と喜びを共感し，「今度はこうしてみよう」と友だちと一緒にコースを作るおもしろさを感じられるようにする。
★うまく転がらないときは，子どもと一緒に考えながら，改善点に気付くような働きかけをしたり，「年長さんに聞いたらわかるかな？」と投げかける。
★名前を書いて飾り，作ったものを大事に取っておきたい気持ちを受け止めていく。

健康に過ごせるように

★手洗い・うがいの仕方や，腕まくり・シャツをしまっているかの確認をしていき，個人差に合わせて手助けや声かけをしていく。
★こまめに換気や窓の開閉をしていく。
★汗をかいたら，一枚脱ぐ，涼しくなってきたら着るとよいことを知らせ，保育者がやって示す。

みせる場合もある。その際は計画どおりの展開にとらわれることなく子どもの主体性を尊重しながら豊かな体験が得られるように柔軟に対応していく。このような展開については次の指導計画を作成するにあたって，反省・評価し，改善していくことが必要となる。

なお，3歳未満児の保育においては，先述の個別の指導計画を基本としながら，日々の生活はデイリープログラムのみが用いられることも多い。3歳未満児の生活においては，特定の保育者が愛情をもって受容的応答的に関わり，日々同じ日課を繰り返すことで愛着関係が築かれ，情緒が安定し，生活行動が身に付いていく。

5．指導計画をデザインするためのポイント

1 主体的な遊びの展開

保育は子どもが主体的な活動が展開できるよう環境を通して行うことが基本となる。図3－2は，4歳児11月の一日の指導計画（日案）の一部である。子どもの興味・関心や前日までの遊びの様子から，子どもがどのように遊びを展開していくかを具体的にイメージして，わかりやすく図で示した部分である。

2 養護と教育の一体的な展開

保育所保育は「養護と教育を一体的に行う」ことが基本である。特に2017年の保育所保育指針の改定では，「第1章総則　2養護に関する基本的事項」に示されたことで，保育における最も大切な事項として位置付けられた保育の原理原則の一つであることを認識したい。

養護とは「生命の保持及び情緒の安定を図るために保育士等が行う援助や関わり」であると保育所保育指針に示されている。また，保育所における保育は，保育指針解説に「養護を基盤としながら，それと一体的に教育が展開されていく。保育士等には，各時期における子どもの発達の過程や実態に即して，養護に関わるねらい及び内容を踏まえ，保育を行うことが求められる」(p.34) と示され，指導計画作成にあたって，養護面を忘れてはならないことが強調されている。

具体的な例として，図3－3に示した3歳児の日案に「夢中で遊んでいると衣服が水びたしになってしまう。そこで『せんせいはぬれないように腕まくっとこう！』など一緒にあそぶ中で気づかせたいことはやってみせるようにする」という援助がある。袖が濡れないように促す保育者の姿勢は「養護」であり，子ども自身が「ぬれないように腕まくりをする」など見通しをもって行動できるように援助していくことは「教育」になる。このように，養護的な側面と教育的な側面が一体となって，保育を考えていくことが保育所保育の基本となる。

3 保育者の「子ども理解」と「援助」

「指導計画を作成する」ということは，今の子どもの姿を理解し，どのように育ってほしい

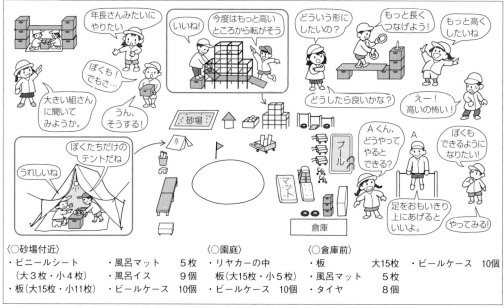

図3-2　日案における園庭遊びのイメージ（4歳児）

図3-3　3歳児日案①（一部抜粋）

かを見通し，そのためにどのような保育を展開していくのか，子どもの気持ちになってその立場を想定し，保育を構想することである[*7]。「入所しているすべての子どもが現在を最も良く生き，望ましい未来をつくり出す力の基礎を培う」ために子どもが主体的に生活や遊びに取り組んでいく姿を構想していくのである。このように指導計画をデザインしていくにあたっては，保育の基盤となる「養護と教育の一体化」と同時に「子ども理解」が必要不可欠である。

保育者は，子どもの発達過程を理解すること，子どもの気持ち・興味や関心・言動の意味な

[*7] 小笠原圭編：『保育の計画と方法　第5版』，同文書院，p.87（2017）より。

ど心情を理解することにより子どもを理解していく。子どもの思いに寄り添い，子どもの表情や言葉・行動から「どうしてそうしたのだろう？」「何がしたかったのだろう？」などさまざまにその気持ちや思いを考えていく。また，子どもとともに遊ぶことで，好きなことや楽しいと思っていることなどの思いに共感したり，共有したりする。そして，一人一人の子どもの特性を理解しながら「子ども理解」をしていくのである。

図３−４の３歳児日案②の中で「『こんなのつくりたい！』と思っても自分の手だけではつくれず『やって！』『やって！』と訴える」という子どもの姿の記述がある。この姿から保育者は「つくりたい思いをもっている」「自分の力ではつくれない」「つくり方がわからない」「保育者への依存がある」と子どものことを理解している。このように理解することにより，「保育者が手助けしてつくるが（中略）『ゆっくりゆっくりくるくる…』『とれないようにギュってテープ貼ってね。』など言葉をかけることで，今後子どもたちが自分でつくり出せるようになったときの気づきやヒントに」なるように子どもの成長を見通して保育者の援助を考えていることがわかる。

このように，養護的な側面を意識しながら，子どもの思いや求めていることなどを受け止め理解し，育ってほしい子どもの姿を明確にするとともに，保育者の願いを盛り込み，保育を見通していくことが指導計画をデザインする営みである。

図３−４　３歳児日案②（一部抜粋）

【参考文献】
・厚生労働省編：『保育所保育指針解説』（2018）
・文部科学省：「児童の権利に関する条約」について（平成６年５月20日，文部事務次官通知）
・小川博久編：：『保育者養成論』，萌文書林（2013）
・汐見俊幸・無藤隆編：『保育所保育指針　幼稚園教育要領　幼保連携型認定こども園教育・保育要領解説とポイント』，ミネルヴァ書房（2018）
・無藤隆編：『幼児期の終わりまでに育ってほしい10の姿』，東洋館出版社（2018）

【参考資料】
・小牧市立保育園より，全体的な計画，指導計画

34 第3章　保育所保育指針における「全体的な計画」「指導計画」の基礎理解

★ 考えてみよう，ディスカッションしてみよう ★

●本章で学んだ「全体的な計画」と「指導計画（長期・短期）」の関連性について，図式化してみよう。
必要と考えられるキーワードや簡単な説明も加えてみよう。

●これまでの実習やボランティア経験，DVD映像などから，生活や遊びの場面を拾い出し，どのように養護と教育が一体的に展開されているのかについて考えてみよう。

第4章

幼稚園教育要領における「教育課程」「指導計画」の基礎理解

　「教育課程」「指導計画」という言葉を聞いて，どのようなことを想像するだろうか。難しそうなイメージを思い浮かべる人もいれば，実習で作成する指導案を想像する人もいるだろう。「教育課程」「指導計画」には，幼稚園で保育を行うにあたっての保育の方向性が書かれている。言い換えれば，子どもの姿が描かれ，子どもと保育者がともに生活をつくり上げていく，保育のあり方が導き出されているともいえよう。本章では，「教育課程」や「指導計画」がどのようなものであるのか，またそれらが保育の実践にどのように結び付いているか，学んでいく。

1．教育課程の目的—保育における意義—

　教育課程については，幼稚園教育要領（「第1章総則　第3教育課程の役割と編成等」）に明記されている。内容をまとめると，次の通りである。

　① 教育課程とは，各幼稚園において，教育のあり方を具現化し，教育の内容等を組織的かつ計画に組み立てたものである。

　② 各幼稚園がその特色を生かして創意工夫を重ね，長年にわたり積み重ねられてきた実践や研究の蓄積を生かしながら，幼児や地域の現状や課題を捉え，家庭や地域社会と協力して，教育活動のさらなる充実を図ること。

　学生の皆さんは，実習生として幼稚園で学ぶときは，おおよそ2〜4週間という限られた期間のため，目の前の子どもの特徴を理解し，所属クラスでの責任実習を行うことに精一杯かもしれない。しかし，就職して保育者になった際には，担任するクラスの1年間の保育を見通すことが求められる。子どもたちが進級を経験する4歳児や5歳児クラスの担任を受け持つ場合には，これまで子どもたちが経験してきた保育についても把握していくことが必要である。

　そのような点を考えると，実習生としての部分的（断片的）な関わりではなく，保育者としての長期的な保育を見る視点が要求されるのである。

第4章　幼稚園教育要領における「教育課程」「指導計画」の基礎理解

2．教育課程の内容と編成上のポイント

1 教育課程の位置付け

　教育課程について，2017年に改訂された幼稚園教育要領「第1章総則」で次のように明記されている。

> 第3　教育課程の役割と編成等
>
> 　1　教育課程の役割
>
> 　各幼稚園においては，教育基本法及び学校教育法その他の法令並びにこの幼稚園教育要領の示すところに従い，創意工夫を生かし，幼児の心身の発達と幼稚園及び地域の実態に即応した適切な教育課程を編成するものとする。
>
> 　また，各幼稚園においては，6に示す全体的な計画にも留意しながら，「幼児期の終わりまでに育ってほしい姿」を踏まえ教育課程を編成すること，教育課程の実施状況を評価してその改善を図っていくこと，教育課程の実施に必要な人的又は物的な体制を確保するとともにその改善を図っていくことなどを通して，教育課程に基づき組織的かつ計画的に各幼稚園の教育活動の質の向上を図っていくこと（以下「カリキュラム・マネジメント」という。）に努めるものとする。

　カリキュラム・マネジメントとは，どのような教育課程等を編成し，実施・評価を行い改善していくのかを，系統的に行うことである。「幼児期の終わりまでに育ってほしい姿」は，幼稚園教育要領「第1章第2」に，10の子どもの姿として明記されている。これは，幼稚園修了後の子どもが，その先の小学校での学びとつながっているということを踏まえている（p.9参照）。

2 教育課程編成上のポイント

　以上のことから，教育課程を編成するポイントとしては，次の3点があげられる。
　①　幼稚園教育において育みたい資質・能力を踏まえつつ，園の教育目標を明確にする。
　②　幼児期の発達の特性，入園から修了までの長期的な視野をもつ。
　③　教育課程と教育課程に係る教育時間の終了後等に行う教育活動（預かり保育・一時預かり）の計画，学校保健計画，食育計画などを含め，相互の関連性をもって計画する。
　表4−1は，教育課程の一例である。

表4−1　教育課程の例（A市立幼稚園）

学年別のねらい		学期		期のねらい
3歳児	○園生活の場がわかり，生活の流れに慣れる。 ○先生や友だちとの遊びを楽しみながら，園での生活のきまりがあることに気付く。 ○身の回りの物，いろいろなでき事，自然の変化などに興味や関心をもつ。 ○自分の気持ちを伝えようとしたり，先生の話を聞こうとしたりする。 ○見たり，聞いたり，感じたりしたことを，思いのままに表現して楽しむ。	1	1	○先生と心のつながりをもつ。
			2	○周りの友だちや生活の仕方に関心をもつ。
		2	3	○友だちとふれあって同じ遊びをする楽しさを感じる。
		3	4	○気の合った友だちと思いを伝えながら，遊ぼうとする。
4歳児	○生活の仕方がわかり，生活に必要な活動を自分でしようとする。 ○体を十分動かし，戸外で進んで遊ぶ。 ○自分の思いを出し合いながら，友だちと遊ぶことを楽しむ。 ○身近な自然の事物や事象にふれ，考えたり，試したりする。 ○楽しんで自分の思いを話したり，友だちの話を聞いたりする。 ○感じたり，考えたりしたことを，さまざまに表現して楽しむ。	1	5	○先生や友だちとの関わりの中で，園生活に慣れる。
			6	○友だちとの遊びの中で，自分を発揮する。
		2	7	○共通の遊びの楽しさを知り，仲間意識をもつ。
			8	○気の合った友だちとイメージを共有し合って遊ぶ。
		3	9	○自分の思いを出しながら，友だちと共通の目的をもって遊ぶ。
5歳児	○健康で安全な生活に必要な習慣や態度を身に付け，明るくのびのびと行動し，充実感を味わう。 ○身近な人と関わりを深め，愛情や信頼関係をもつ。 ○友だちのよさを認め合いながら，集団の中で自信をもって生活する。 ○身近な環境に親しみ，自然とふれあう中で，試したり，考えたりして，それを生活に取り入れようとする。 ○人の言葉や話などをよく聞き，自分なりの言葉で表現する楽しさや，伝え合う喜びを味わう。 ○自分でイメージしたことや工夫したことを，音や動きなどで表現したり，描いたり，つくったり，飾ったりなどする。	1	10	○進級したことを喜び，年長児としての生活に期待をもつ。
			11	○友だちと相談しながら，共通の目的に向かって遊びを進める。
		2	12	○友だちのよさを互いに認め合い，グループの中で自分の力を発揮して遊ぶ。
			13	○目的に向かってグループで力を合わせ，主体的に取り組む。
		3	14	○生活や遊びに見通しをもち，一人一人が自信をもって行動する。

第4章　幼稚園教育要領における「教育課程」「指導計画」の基礎理解

3．長期の指導計画と作成上のポイント

　長期の指導計画の作成にあたっては，前述の教育課程に基づいて，さらに具体的なねらいや内容，環境の構成，保育者の援助などを明らかにする必要がある[*1]。

　表4－2（p.40）は，3歳児の年間指導計画の例である。4月の入園から翌年3月までの1年間を見通して，どのように保育を行っていくのかが書かれている。ここでは1年という期間を，4つの期（1～4期）に区切っている。子どもの発達の節目や，子ども同士の仲間関係等の成長に着目し，それらに合わせて時期を区分している。

　この分け方は，園や年齢によっても異なっている。それは，小学校や中学校のように，夏休みや冬休みなどの長期休暇を挟んだ3学期制を，発達の著しい幼児期にそのまま当てはめることに無理があるためである。

　では，年間指導計画はどのように立てられるのであろうか。

1　1年間の保育実績を翌年度の仮説とする

　亀谷ら[*2]によれば，立案の手がかりとして，1年間保育してきた実績をあげている。この実績が，翌年度の仮説となっていくことを念頭に置くと，子どもの姿や保育の流れがイメージしやすい。しかし当然，子どもは毎年変わるのであるから，翌年度も同様の保育が行われるものではない。また，計画が仮説であるがゆえに，指導計画の必要性を感じない，立てても活用できないという性格のものであってはならない。

　仮説は，保育者の見通しや予測が意図されてつくられたものである。つまり，仮説あっての実践であり，検証し，次の実践があるからである。そのため，保育を行いつつ，実際の子どもの姿を観察し，あらかじめ立てていた計画を修正していくことが必要になってくる。

2　各期のつながりを考える

　表4－3（p.42）は，年間指導計画（表4－2）を，期ごとにさらに詳しく記したものである。ここでは1期のみを掲げるが，1期を入園当初～7月下旬，2期を6月上旬～9月上旬，3期を9月～12月下旬，4期を12月上旬～3月としている。月の替わり目で，機械的に区切られるのではない。各期のつながりが，重なりをもっていることから，子どもの発達や変化のとらえ方に，弾力性をもたせて工夫する。

　こうした期間指導計画を基にして，さらに具体的な月間指導計画（月案）へとつなげていく。

＊1　文部科学省：『幼稚園教育要領解説』，p.54，p.194（2008）

＊2　亀谷和史・宍戸健夫・丹羽　孝：『現代保育論』，かもがわ出版（2006）

４．短期の指導計画と作成上のポイント

1 ねらいとは

　2017年告示の幼稚園教育要領では，「ねらいは，幼稚園教育において育みたい資質・能力を幼児の生活する姿から捉えたもの」であるとしている。旧幼稚園教育要領（2008年告示）では，「ねらいは，幼稚園修了までに育つことが期待される生きる力の基礎となる心情，意欲，態度など」であると表記されていた。これは，2017年の幼稚園教育要領では，心情，意欲，態度の視点が消えたのではなく，引き継がれているととらえたい。それらを考えるために，「第１章　総則　第２」をみてみよう。

　第２　幼稚園教育において育みたい資質・能力及び「幼児期の終わりまでに育ってほしい姿」

　１　幼稚園においては，生きる力の基礎を育むため，この章の第１に示す幼稚園教育の基本を踏まえ，次に掲げる資質・能力を一体的に育むよう努めるものとする。

（１）豊かな体験を通じて，感じたり，気付いたり，分かったり，できるようになったりする「知識及び技能の基礎」

（２）気付いたことや，できるようになったことなどを使い，考えたり，試したり，工夫したり，表現したりする「思考力，判断力，表現力等の基礎」

（３）心情，意欲，態度が育つ中で，よりよい生活を営もうとする「学びに向かう力，人間性等」

　（３）において，「心情，意欲，態度が育つ中で…」との文言から，ねらいの視点である心情，意欲，態度は2017年の幼稚園教育要領にも引き継がれているということである。

　この点について，園での具体的な例で考えてみよう。

　砂場遊びの中で，子どもたちが，山を作ってトンネルを掘りたいとなったときに，最初からうまくいくわけではなく，山が崩れてしまった。そこで山を作るときに，砂に水を含ませてみたら，「崩れにくくなった」「山がより高くなった」などと感じたり，気付いたりする。これが（１）の「知識及び技能の基礎」に該当する。

　それで，さらに遊びが進んでいき，トンネルを掘りたいとなった。山にトンネルの穴を開ける場面で，２つの穴が対称になるようにすると山が崩れにくく安定することに気付いたり，最初の山を作る際に水をもっと含ませた方がトンネルが掘りやすいことに気付いたりする。これが（２）の「思考力，判断力，表現力等の基礎」に該当する。

　さらに，トンネルを友だちと掘る際には，「今からトンネルを掘るよ，いいかな？」「少しずつ掘るんだよ。急いで掘ると山が崩れてしまうよ」などの会話を交わし，お互いの力加減を両者が確認し合いつつ進めていく。結果として友だちとの手がトンネル内でつながったときには，達成感や満足感の笑みがあふれるであろう。これは（３）の「学びに向かう力，人間性等」に該当する。

　この遊びの過程を「ねらい」の視点からとらえると，従来の保育では「友だちと一緒に，砂

40　第4章　幼稚園教育要領における「教育課程」「指導計画」の基礎理解

表4-2　年間指導計画の例（3歳児クラス）（A市立幼稚園）

年間目標	●園生活の場がわかり，生活の場に慣れる。 ●先生や友だちとの遊びを楽しみながら，園での生活のきまりがあることに気付く。 ●身の回りの物，いろいろなでき事，自然の変化などに興味や関心をもつ。	
期	1期（4〜5月）	2期（6〜8月）
ねらい	○先生に親しみをもつ。 ○生活の仕方を知る。	○先生や友だちに親しみをもち，遊びを楽しむ。 ○好きな遊びを楽しみながら，簡単なきまりがあることを知る。
内容	◆先生と一緒に身の回りのことをする。 ◆先生や友だちと一緒に給食を食べる。 ◆先生の遊ぶ様子を見たり，一緒に遊んだりする。 ◆先生と一緒に小動物や草花を見たり，触れたりする。 ◆先生がする手遊びや絵本，紙芝居を見たり，聞いたりする。 ◆自分のイメージした物で思いのまま遊ぶ。 ◆先生と一緒に知っている歌を歌う。	◆体を動かす遊びに興味をもち，先生や友だちとふれあって遊ぶ。 ◆気に入った遊びを先生や友だちと一緒に楽しむ。 ◆身近な遊具，用具の使い方を知ろうとする。 ◆泥や水，砂などの感触を楽しむ。 ◆身近な自然を見たり，触れたりする。 ◆先生と一緒に遊びに必要な言葉を使ってみる。 ◆自分の思いを，先生にしぐさや言葉で伝えようとする。 ◆友だちと一緒に絵本や紙芝居を喜んで見る。
環境の構成／指導上の留意点	・一人一人の気持ちを受け止め，安心できるような関わりをする。 ・ロッカーや靴箱に目印を付け，始末をしやすいようにする。 ・楽しく食事ができるような雰囲気づくりをする。 ・家庭で親しんでいる玩具を用意し，家庭的な雰囲気をつくることで安心してすごせるようにする。 ・緊張した気持ちが和むように，身近な場所で小動物を飼育する。 ・子どもの好みそうな絵本を，手に取りやすいところに置いておく。 ・誰かが遊んでいたかのように玩具を置いておき，安心して遊び出せるようにする。 ・親しみのある曲を用意したり，幼児の知っている歌や手遊びを先生と一緒に歌ったりする。	・体を動かす遊びに興味をもてるように，先生が楽しむ姿を示していく。 ・気に入った遊びを楽しめるように，十分に時間をとったり，雰囲気づくりをしたりする。 ・遊具・用具を安全に使えるように，繰り返し丁寧に知らせていく。 ・泥や水・砂に触れて十分に遊べる場を整える。 ・園庭の野菜や草花・小動物を見たり，触れたりすることができるようにしておく。 ・先生が一緒に「入れて」「貸して」などの言葉を使い，必要な言葉の意味や使い方を知らせる。 ・子どもが思いを伝えやすい雰囲気をつくるとともに，十分に受け止めて対応していく。 ・子どもが好きな絵本や紙芝居は繰り返し行うことで，楽しさを十分に味わえるようにする。
主な遊び	・三輪車　　・砂遊び　　・すべり台 ・ままごと　・粘土遊び ・歌，手遊び：ちゅうりっぷ，ちょうちょ，こいのぼり，ひげじいさん	・泥・水遊び　　　・しゃぼんだま ・色水　　　　　　・盆踊り ・小動物に親しむ：カタツムリ，カブトムシ ・歌：みずあそび，たなばたさま，しゃぼんだま，かえるのがっしょう，おつかいありさん

3. 長期の指導計画と作成上のポイント　41

●自分の気持ちを伝えようとしたり，先生の話を聞こうとしたりする。
●見たり，聞いたり，感じたりしたことを，思いのままに表現して楽しむ。

3期（9～12月）	4期（1～3月）
○先生や好きな友だちと一緒に遊ぶ楽しさを味わう。 ○言葉や態度で自分の思いを出しながら，したい遊びを楽しむ。	○先生や友だちと一緒にすごす心地よさを味わう。 ○身の回りのことを自分でしようとする。 ○先生や友だちと関わる中で自分の思いを伝える。
◆先生や友だちと一緒に体を十分に動かして遊ぶ。 ◆先生や気の合う友だちと一緒に好きな遊びを楽しむ。 ◆見たこと，感じたこと，自分の思いを言葉や態度で表そうとする。 ◆落ち葉，木の実，小石，小枝などを集めたり，触れたりして秋の自然に親しむ。 ◆先生や友だちと曲に合わせて歌ったり，踊ったりする。 ◆先生や友だちと一緒にごっこ遊びを楽しむ。 ◆身近な素材や用具を使って作ることを楽しむ。	◆所持品の始末，手洗い，うがいなど，自分でできることをする。 ◆先生の手伝いを喜び，一緒に片付けようとする。 ◆先生や友だちと言葉のやりとりをしながら遊ぶ。 ◆先生と一緒に霜や氷など，冬の自然を知る。 ◆季節の行事に喜んで参加する。 ◆自分の思いを伝えたり，友だちの思いに気付いたりする。 ◆物語の登場人物になり，表現することを楽しむ。
・先生も一緒に走ったり，跳んだりし，子どもが楽しさ，気持ちよさを感じられるようにする。 ・園庭を整備し，安全に活動できるようにする。 ・友だちと一緒に遊ぶ楽しさが味わえるように，気持ちを十分に聞いたり，代弁したりする。 ・一人一人の気持ちを十分に受け止め，安心して思いを表現できるようにしていく。 ・木の実や葉などに触れて遊べるようにする。 ・自然や季節の変化を言葉で伝えたり，子どもの気付きを受け止めていく。 ・親しみのある曲や小道具を用意し，曲に合わせて表現する楽しさを味わえるようにする。 ・一人一人の表現を認めながら，喜びを感じられる雰囲気をつくっていく。 ・動物の動きや乗り物のまねを先生と一緒にすることで，表現する楽しさが感じられるようにする。	・自分でしようとする姿を認め，大きくなった喜びを感じられるようにする。 ・身の回りのことを丁寧にできるように，十分に時間を確保する。 ・楽しく遊べるように仲立ちをし，子どものつながりを大切にしていく。 ・順番や交代などのきまりや約束の確認をし，守れるようになったことを認めていくようにする。 ・身近な自然に触れ，驚きや感動などを共感し合う。 ・伝統的な行事や遊びを知らせていく。 ・お別れ会やお別れ遠足に参加し，進級に期待がもてるようにする。 ・遊びや生活の中で必要な言葉を，折りにふれて知らせていく。 ・子どもがイメージをもって表現を楽しめるような教材を用意し，先生も一緒に遊んでいく。
・リズム遊戯　　　　・かけっこ ・かくれんぼ　　　・落ち葉拾い　　　・劇遊び ・描画　　　　　・空き箱製作 ・歌：まつぼっくり，うんどうかいのうた，とんぼのめがね，おおきなくりのきのしたで，あわてんぼうのサンタクロース	・お正月遊び：凧揚げ，こま回し，かるた ・鬼ごっこ：あぶくたった，しっぽとり，など ・歌：お正月，まめまき，北風小僧の寒太郎，たき火，うれしいひなまつり

42 第4章 幼稚園教育要領における「教育課程」「指導計画」の基礎理解

表4-3 期間指導計画の例（3歳児クラス）

	1期：入園当初〜7月下旬	期のねらい：先生と心のつながりをもつ
子どもの姿	・緊張や不安のため泣いたり，落ち着けず動き回ったりする子ども，また，じっとしている子どももいる。 ・少し慣れてくると，周囲の様子がわかる反面，不安になる子どももいる。 ・さまざまな遊びに興味をもち始め，思い思いの遊びをしている。 ・排泄や身の回りの始末は先生に頼り，身を任せてやってもらう。 ・愛着のあるものや遊具をもつことで，安心する子どももいる。 ・目新しい物に触れて，次々と遊びを変えていく。 ・先生の後追いをする子どももいるが，周りの友だちの遊びに関心をもち始める。 ・小動物をじっと見たり，餌をやったりして不安な気持ちを和らげている。	
ねらい	○先生に親しみをもち，園生活に安心感をもつ。 ○身近な物に興味や関心をもつ。	
内容	◆先生に親しみをもち，安心して登園する。 ◆先生の遊ぶ様子を見たり，一緒に遊んだりする。 ◆自分のイメージした物で，思いのままに遊ぶ。 ◆小動物を見たり，餌をあげたりする。 ◆先生がする手遊びや絵本，紙芝居などを喜んで見たり，聞いたりする。 ◆先生や友だちと一緒に知っている歌を歌うことを楽しむ。 ◆先生との関わりの中で，生活の仕方を知ろうとする。	
環境の構成	・一人一人の気持ちを受け止め，先生のほうから名前を呼んだり，抱いたりして，子どもとのスキンシップを心がけ，安心できる雰囲気づくりをする。 ・それぞれの家庭でのすごし方を知り，一人一人に合った関わりをする。 ・園での様子を具体的に伝えたり，家庭での様子を聞いたりしながら信頼関係を図り，子どもが安心してすごせるようにする。 ・子どもと一緒に遊びながら，遊具の使い方や遊び方を知らせる。 ・あたかも誰かが遊んでいたかのように，茶碗を並べたり人形を寝かせたりしておくことで，安心してひとり遊びができるような雰囲気をつくる。 ・緊張した気持ちが和むように，身近な場所で小動物を飼育する。 ・興味がもてるよう，子どもの好みそうな絵本を見やすいところに置いておく。 ・楽しく食事ができるような雰囲気づくりをする。 ・排泄や身の回りの始末は先生が一人一人に付き添い，関わることで仕方を知らせ，できるようにする。	

場で山やトンネルを掘って遊ぶ楽しさを味わう」という心情面を重視したねらいを書くことが多かったが，この遊びの継続的なプロセスという視点で考えると，「友だちと一緒に，砂場で山やトンネルを掘って遊ぶ中で，どうしたら高く安定した山ができるのかを試行錯誤しながら気付いたり，考えたりする楽しさを味わう」のようなねらいが考えられる。

このように，楽しさを味わうという中でも，そのような楽しさなのか，気付いたり，感じたりしていることもねらいに含めて意識することが必要であり，保育者は，より質の高いねらいを書くことが求められるのである。

2 子どもの要求と，保育者のねらいのズレをどうとらえるか

4月の中旬ごろ，「近所の公園に園外保育に行く」という保育実践を例に考えてみたい。

（1）「ねらい」は保育者の目線？

この日の指導案のねらい[*3]は，例えば「友だちと一緒に春の自然に親しむ」「季節の変化を感じ，自然の事物や事象に興味をもつ」と書いたとしよう。そこで考えたいのは，このねらいは保育者の思いとして書かれているという点である。園によっては，「ねらい＝保育者の願い」と記述される場合もある。このようなことから，ねらいは保育者の目線で設定されていると考えられる[*4]。

一方，子どもの目線では，「今日は○○公園にみんなで行くんだよ。友だちと春の自然に親しむんだよ」あるいは，「公園に行ったら，季節の変化を感じて自然の事物や事象に興味をもつんだよ」とは，子ども自身は考えない。つまり，子どもの要求と保育者のねらいにはズレがあることを念頭において実践を行う必要がある。保育者は，ねらいを達成することに力点を置きすぎずに，子どもと共に保育を創っていきたい。次に，その例を紹介する。

（2）子どもと一緒に保育を創るということ

加藤は，次のような保育実践を事例にあげて考察している[*5]。それは，〈5月のある天気のよい日に，公園に散歩に行ってアスレチックをしようという子どもたちの提案から，みんなで出かけることになった。出発前になって，ある子どもが，公園の池には大きな牛ガエルがいるので捕まえたいと言い，園から網を持って行く。そして公園の池に着いて子どもたちが，一匹の牛ガエルの捕獲をめぐって息をひそめ，ドキドキする心を抑えながら決定的な場面を見守り，ついに網の中に牛ガエルが捕えられ，網に入れた状態で子どもが担いで園に持って帰る〉という実践を記したエピソードである。

加藤はこれらについて，担任の「思いつき」と「発見」からこの園外保育がスタートしているが，それらに依拠して保育が展開されていったわけではないことにもふれており，「子どもとの間につくり出される『おもしろさ』のみ追究する感覚」[*5]であると表現している。この「お

---

*3　ねらいの書き方：園によって文章表現の方法に多少の違いがあり，いろいろな書き方がある。

*4　保育者の葛藤：加藤は，指導計画上のねらいと，活動の中で保育者が大事にしたいと思っていることの実践との間に，保育者が葛藤を感じていることを指摘し，〈文章で整理された計画が，自分たちの保育実践を正確に映しているとはとうてい思えない〉と述べている[*5]。

*5　加藤繁美：『対話的保育カリキュラム（上）理論と構造』，ひとなる書房，p.34, pp.36-41 (2007)

もしろさ」こそが，子どもの遊びや活動に対する原動力であり，真髄であると言ったら言い過ぎであろうか。

牛ガエルの事例は，あらかじめ計画されていた実践ではなかったと記述されている。しかし，指導計画を立てる際に，遊び（または活動）に対して，子どもがどのような楽しさやおもしろさを感じているのかという点を，保育者は常に考えたい。

3 遊びの楽しさ，おもしろさを共有し合う

もう1つ，「レストランごっこ」の遊びを例に考えてみたい。

仮に，ねらいとして「友だちと一緒に，役割になりきってレストランごっこを楽しむ」と書いたとする。子どもによっては，コックさんになることを楽しんでいる子もいれば，ウエイター・ウエイトレス役になってお客さんに注文をとって，そこでのやりとりを楽しむ子もいる。お客さん役も，ある子どもは，一人でお店にやってきて注文をし，出てきた料理を食べるまねをすることに満足感を味わう子，あるいは家族でファミリーレストランにやってきたという設定で，そこでの親子の状況がつくり出され，イメージを共有することに充実感を感じる子どもたちもいる。また，裏方役となって，遊びに必要なお店の看板，お店の装飾やメニュー表，お金などを製作することに楽しさを感じる子もいるだろう。

このように，「レストランごっこ」という遊びの背景にある，子どもが感じている楽しさやおもしろさはどのようなものなのかを，保育者が把握しておくことは必要である。なぜなら，その遊びを行うこと（実現すること）が目的となり，一番大切な子どもの思いが置き去りになってしまうためである。遊びの意義から考えても，その行為自体が子どもにとっては目的であることから，それぞれの行為や場面において子どもが感じている楽しさやおもしろさに着目して，保育を行いたい。

【参考文献・資料】
・文部科学省・厚生労働省・内閣府：『幼稚園教育要領　保育所保育指針　幼保連携型認定こども園教育・保育要領〈原本〉』，チャイルド本社（2017）
・阿部明子・飯田良治ほか：『〈新訂第2版〉幼稚園・保育所実習の指導計画案はこうして立てよう』，萌文書林（2009）
・玉置哲淳：『遊び心こそ保育―遊びの指導計画を構想する―』，乳幼児発達研究所（1989）
・戸田雅美・佐伯一弥編著：『幼児教育・保育課程論』，建帛社（2011）

★ 考えてみよう，ディスカッションしてみよう ★

● 実習先で，教育課程や指導計画を見せてもらい，あなたの担当する年齢の子どもたちの姿と照らし合わせてみよう。そして，気付いたことをあげてみよう。

● 複数の幼稚園の教育課程や指導計画を比較し，各園の保育の特徴を読み取ってみよう。

幼保連携型認定こども園教育・保育要領における「全体的な計画」「指導計画」の基礎理解

　幼保連携型認定こども園とは，0歳から小学校就学の始期に達するまでの子どもを対象に，教育および保育を行う学校および児童福祉施設である。したがって，幼保連携型認定こども園では，乳幼児期全体を見通した教育と保育を一体的に展開するための指導計画に基づいて，教育・保育実践を行っている。
　本章では，幼保連携型認定こども園の基本を整理した上で，全体的な計画と長期および短期の指導計画について基本的な理解を深めていく。

1. 幼保連携型認定こども園の教育および保育の基本

1 幼保連携型認定こども園の制度的枠組み

　幼保連携型認定こども園とは，「就学前の子どもに関する教育，保育等の総合的な提供の推進に関する法律」（以下，認定こども園法とする）第2条第7項に基づいた，「義務教育及びその後の教育の基礎を培うものとしての満3歳以上の子どもに対する教育並びに保育を必要とする子どもに対する保育を一体的に行い，これらの子どもの健やかな成長が図られるよう適当な環境を与えて，その心身の発達を助長するとともに，保護者に対する子育ての支援を行うことを目的として」設置された施設である。つまり，文部科学省管轄の学校としての幼稚園と，厚生労働省管轄の児童福祉施設としての保育所の両方の性格を併せもちながら，入園から修了までの在園期間全体を通して行われる教育および保育と同時に，地域や保護者への子育て支援事業との有機的な連携を含めた総合的施設として位置付いており，0歳から小学校就学前の多様な園児が在園している（図5−1参照）。また，同法第14条の中で，保育士資格と幼稚園教諭免許状を併有した「保育教諭」が，原則，園児の教育および保育をつかさどると規定されている。
　この幼保連携型認定こども園は，保護者の就労状況等により，入園時期や在園時間の異なる子どもを受け入れる施設として，この時期の子どもに健やかな成長が図られるような適当な環境を整えることを意識しながら，教育および保育を行っている。また，在園児の家庭以外にも目を向け，地域の子育て家庭を含むすべての家庭および子どもを対象にしながら，地域のニーズに応じた多様で総合的な子育て支援を質・量の両面にわたり充実させていく重要な役割を担っている。

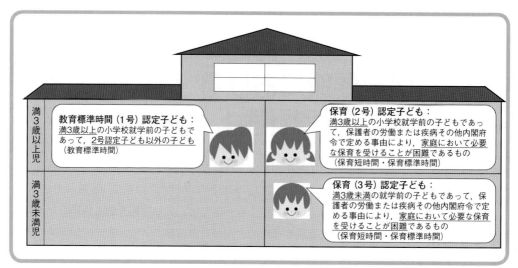

図5−1　幼保連携型認定こども園に在園する園児の枠組み
(内閣府:「子ども・子育て支援ハンドブック(平成27年7月改訂版)」, p.3, 2015より筆者作成)

2 幼保連携型認定こども園の教育および保育の基本

　このような枠組みの中で,「幼保連携型認定こども園教育・保育要領(以下,教育・保育要領とする)」が2014年に初めて告示化された。その後,2017年に行われた幼稚園教育要領・保育所保育指針の改訂(改定)との整合性を図ることをめざして,教育・保育要領も2017年3月に改訂され,2018年4月から全面実施に至っている。

　2017年改訂教育・保育要領の「第1章総則」では,乳幼児期の教育および保育は,子どもの健全な心身の発達を図りつつ生涯にわたる人格形成の基礎を培う重要なものであるとした上で,乳幼児期全体を通して,その特性および保護者や地域の実態を踏まえ,環境を通して行うものであることを基本とし,家庭や地域での生活を含めた園児の生活全体が豊かなものとなるように努めることと明示されている。また,保育教諭等は,園児との信頼関係を十分に築き,園児が自ら安心して身近な環境に主体的に関わり,環境との関わり方や意味に気付き,これらを取り込もうとして,試行錯誤したり,考えたりするようになる幼児期の教育における見方・考え方を生かし,その活動が豊かに展開されるよう環境を整え,園児と共によりよい教育および保育の環境を創造するように努めることが明文化されている。

　よって,保育教諭等は,生命の保持や情緒の安定を図るなど養護の行き届いた環境を基盤としながら,幼保連携型認定こども園における教育および保育を展開する中で,生きる力の基礎を育成するために,園児の主体的な活動や遊びを重視すると同時に,園児一人一人の生活経験や発達の実情などに応じた豊かな環境を構成していくことが求められる。また,子どもの最善の利益を考慮しつつ,その生活を保障すると同時に,保護者とともに園児を心身ともに健やかに育成する必要がある。そのような教育・保育を展開するために,入園から小学校就学までの園生活の中でどのように園児の育ちを支えていくかを示した「全体的な計画」や,園児の各年齢・各時期にふさわしい園生活を展開していくための「指導計画」が必要となる。

2. 全体的な計画の目的－教育・保育における意義－

1 幼保連携型認定こども園における全体的な計画とは

　幼稚園における「教育課程」や「全体的な計画」，保育所における「全体的な計画」と同様に，幼保連携型認定こども園においても，「教育及び保育の内容並びに子育ての支援等に関する全体的な計画（以下，全体的な計画とする）」を作成する必要がある。この全体的な計画は，「教育と保育を一体的に捉え，園児の入園から修了までの在園期間の全体にわたり，幼保連携型認定こども園の目標に向かってどのような過程をたどって教育及び保育を進めていくかを明らかにするものであり，子育ての支援と有機的に連携し，園児の園生活全体を捉え，作成する計画」と定義されており，認定こども園法，教育基本法，児童福祉法，学校教育法，および学校保健安全法などの法律や教育・保育要領に従いながら，家庭および地域の実態に即しつつ，教育と保育を一体的に提供するために創意工夫を生かして，園長の責任の下，全職員で協力しながら作成する必要性をあげている（内閣府・文部科学省・厚生労働省：『幼保連携型認定こども園教育・保育要領解説』（以下，教育・保育要領解説とする），pp.68-71）。

2 幼保連携型認定こども園における全体的な計画が果たす役割

（1）教育・保育のグランドデザインとしての全体的な計画

　園児の入園から修了までの在園期間を通した全体的な計画は，「この園の目標や育てたい子ども像に向かって，どのようなプロセスをたどっていくか」という基本構想をつかみ，全体像がイメージできるような，その園の教育・保育のグランドデザインとなる。特に，幼保連携型認定こども園においては，家庭との緊密な連携を心がけたり，子育ての支援とどのように関連し合いながら教育・保育を展開していくかを意識したりしながら，作成することが重要である。

　また，自園の全体像を共通理解するために，この全体的な計画は園内の正規職員だけでなく，非正規職員や他職種の職員など，園内の教育・保育に携わるすべての職員で共有することが望ましい。同時に，家庭や地域に発信することで，「地域の教育・保育の拠点として，どのような道筋で教育・保育・子育ての支援を展開しているか」について，園・家庭・地域が互いに理解を深めていく際の道標としても役立てることができる。

（2）カリキュラム・マネジメントの必要性

　各幼保連携型認定こども園では，作成した全体的な計画の実施状況を評価し，改善を図ることが求められており，PDCAサイクル（Plan：計画 → Do：実践 → Check：評価 → Action：改善）に基づいて適切なものに改めていくことで，教育および保育活動のさらなる充実や質の向上が期待される。

　その際に重要なのは，本書第2章で述べた「カリキュラム・マネジメント」である。「幼児期の終わりまでに育ってほしい姿」を踏まえながら全体的な計画を作成すると同時に，計画の実施に必要な人的または物的な体制を確保して改善を図るなどを通じて，全教職員の協力体制

の下，組織的かつ計画的に教育および保育活動の質の向上を図ることが必要である。

3．全体的な計画の内容と作成上のポイント

■1 全体的な計画の内容

　幼保連携型認定こども園では，義務教育およびその後の教育の基礎としての満3歳以上の園児（1号認定子ども）に対する教育と，保育を必要とする子どもに該当する園児（2号認定子どもおよび3号認定子ども）に対する保育を一体的に提供し，0歳から小学校就学前までの園児の教育および保育が一貫して行われる。したがって，全体的な計画には，以下のような内容が含まれていることを基本としている。

（1）教育・保育の目標・方針：教育基本法・児童福祉法・認定こども園法などの法令や，教育・保育要領および解説を熟読した上で，園児・家庭・地域の実態を踏まえながら，その園で求められる教育・保育の目標や方針をまとめる。

（2）教育・保育のねらい及び内容：園児の発達の過程に配慮しつつ，「教育及び保育において育みたい資質・能力」や「幼児期の終わりまでに育ってほしい姿」を意識しながら，教育・保育要領第2章に示された各視点・各領域のねらい・内容を，一貫性をもって組織する。
　　ex）満3歳以上の園児の教育課程に係る教育時間の教育活動のための計画
　　ex）満3歳以上の保育を必要とする子どもに該当する園児の保育のための計画
　　ex）満3歳未満の保育を必要とする子どもに該当する園児の保育のための計画

（3）その他に必要な計画：上記以外に，各園で必要な計画の骨子となる事項を記載する。
　　ex）学校安全計画・学校保健計画などの健康や安全の視点を踏まえた計画・食育の計画等
　　ex）子育ての支援等の計画
　　①地域の実態や保護者の要請により教育を行う標準的な時間の終了後等に希望する者を対象に一時預かり事業などとして行う活動のための計画
　　②延長保育・夜間保育・休日保育を実施している場合には，それらも含めて園児の園生活全体をとらえた計画

　この全体的な計画は，園の根幹を担うグランドデザインであるため，上記に示したさまざまな計画は，各々が独立せず，互いに関連し合いしながら統一感のある計画になることが望ましい。よって，各園で全体的な計画を作成する際には，各園の周りの地域が有しているさまざまな人的および物的環境を十分に生かしながら，園児一人一人にとって園生活がよりよいものになるよう，創意工夫を凝らして作成していく。具体的には，園児の生活や発達の見通しをもって作成すること，園の実態（園児定数や職員数・施設設備の状況など）や家庭・地域の実態（保護者の就労状態や地域社会の状況）を踏まえながら作成することなどが重要である。

　表5-1の全体的な計画例は，0歳児から5歳児までが在園する園をイメージし，園児の入

園から修了までの在園期間全体において，どのように教育および保育を進めていくかという長期的な道筋を表したものである。2017年告示教育・保育要領に即して，「教育・保育において育みたい資質・能力」「幼児期の終わりまでに育ってほしい姿」「乳児保育の３つの視点」「３歳未満児の新しい領域のねらい・内容」「災害への備え」などの新たに設けられた事項を取り入れ，園の全体的な展望を描いたグランドデザインとして例示している。

❷ 全体的な計画の作成上のポイント

具体的に全体的な計画を作成していく際には，以下のような手順で留意していく。

【Step 1】基本情報の整理と共通理解
・関係法令や教育・保育要領の内容に関する共通理解を図る
・幼児連携型認定こども園や，地域の実態，園児の発達の実情，保護者の願い等を把握する

【Step 2】各園の教育および保育目標の共通理解
・各園の教育および保育ならびに子育て支援などの目標や，期待する園児像の共通理解を図る

【Step 3】園児の発達の過程を見通す
・小学校就学の始期に至るまでの園児の長期的な発達を見通し，「教育及び保育において育みたい資質・能力」「幼児期の終わりまでに育ってほしい姿」などを踏まえながら，発達の過程に応じた教育および保育の目標について予測する

【Step 4】具体的なねらい・内容を設定する
・幼保連携型認定こども園の教育および保育の基盤となる養護（生命の保持と情緒の安定）を押さえた上で，教育・保育要領の第２章に示された各視点・各領域のねらい・内容を踏まえながら，発達の各時期にふさわしい生活が展開されるような適切なねらいと内容を設定する

【Step 5】全体的な計画を実施した結果を評価し，改善に生かす
・実施後に，具体的な出来事に基づきながら問題点を整理し，改善案を検討後，再度実施する

特に，作成段階におけるポイントとしては，以下に留意する必要がある。
① 教育および保育ならびに子育て支援を展開する上での「園目標」を明確にすること
② 養護（生命の保持と情緒の安定）は，幼保連携型認定こども園の教育および保育の基盤となることを意識すること
③ 小学校以降も貫く３つの柱としての「教育及び保育において育みたい資質・能力」を意識しながら，子どもの発達の連続性に配慮すること
④ 「幼児期の終わりまでに育ってほしい姿」を小学校就学の始期に向けた方向目標としてとらえながら，各年齢のねらい・内容を検討すること

第5章 幼保連携型認定こども園教育・保育要領における「全体的な計画」「指導計画」の基礎理解

表5-1　幼保連携型認定こども園における全体的な計画（例）

幼保連携型認定こども園　Aこども園　20XX年度　教育及び保育の内容並びに子育て支援等に関する全体的な計画（例）

教育・保育の理念	教育・保育を一体的に行う中で，子どもの最善の利益を考慮しながら，保護者と共に園児の健やかな心身の成長や生きる力の基礎を育成する		
教育・保育の方針	遊びを通して環境と主体的に関わる中で多様な体験を保障し，保護者と共に園児の人格を尊重しながら個々に応じた教育・保育をすすめる		
期待する園児像	①自己発揮できる子ども，②思いやりや感謝の気持ちなど豊かな心をもてる子ども，③主体的に遊び，多様な環境と対話できる子ども		

教育・保育において育みたい資質・能力	豊かな体験を通じて，感じたり，気付いたり，わかったり，できるようになったりする「知識及び技能の基礎」気付いたことや，できるようになったことなどを使い，考えたり，試したり，工夫したり，表現したりする「思考力，意欲，態度が育つ中で，よりよい生活を営もうとする「学びに向かう力，人間性等」		
年齢	**乳児**	**1歳児**	**2歳児（満3歳児）**
子ども教育・保育目標（学年の重点）	生理的欲求を満たし生活リズムをつかむ	行動範囲を広げながら，盛んに探索活動をする	言葉や想像力を広げながら，周囲の友だちや環境に興味をもつ

教育及び保育のねらい，及び内容（●）	健やかに伸び伸びと育つ	①身体感覚が育ち，快適な環境に心地よさを感じる ②のびのびと体を動かし，はう，歩くなどの運動をしようとする ③食事，睡眠等の生活のリズムの感覚が芽生える ●保育教諭等の愛情豊かな受容の下で心地よく過ごす ●個々の発育や生活リズムに応じて，十分に身体を動かしたり午睡をしたりする	**健康** ①明るく伸び伸びと生活し，自分から体を動かすことを楽しむ ②自分の体を十分に動かし，さまざまな動きをしようとする ③健康，安全な生活に必要な習慣に気付き，自分でしてみようとする気持ちが育つ ●保育教諭等と安心感をもって過ごす ●保育教諭等と一緒に身の回りのことをしようとする意欲が芽生える	●全身を使って体を動かして遊ぶことを楽しむ ●保育教諭等の見守りの中，着脱や排泄等の身の回りのことを自分でしようとする
	身近な人と気持ちが通じ合う	①安心できる関係の下で，身近な人と共に過ごす喜びを感じる ②体の動きや表情，発声等により，保育教諭等と気持ちを通わせようとする ③身近な人と親しみ，関わりを深め，愛情や信頼感が芽生える ●保育教諭等とのやり取りを楽しみ安心感をもって過ごす ●身近な人の存在に気付き，親しみの気持ちを表す ●保育教諭等の語りかけに発声や喃語等の応答をしながら，発語への意欲をもつ	**人間関係** ①幼保連携型認定こども園での生活を楽しみ，身近な人と関わる心地よさを感じる ②周囲の園児等への興味・関心が高まり，関わりをもとうとする ③幼保連携型認定こども園の生活の仕方に慣れ，決まりの大切さに気付く ●自分がしてほしいことを伝えようとする ●保育教諭等や友だちに興味を示し，自分もしようとする	●生活や遊びの中で，簡単な決まりを知る ●保育教諭等と関わって遊ぶ楽しさを感じながら，保育教諭等の仲立ちの下，友だちとの関わり方を身に付けながら，友だちへ関心を寄せる
	身近なものと関わり，感性が育つ	①身の回りのものに親しみ，さまざまなものに興味や関心をもつ ②見る・触れる・探索するなど，身近な環境に自分から関わろうとする ③身体の諸感覚による認識が豊かになり，表情や手足・体の動き等で表現する ●身の回りのものへの興味や好奇心をもつ ●さまざまなものに触れ，感覚の働きを豊かにする ●歌やリズムに合わせて手足を動かして楽しむ	**環境** ①身近な環境に親しみ，触れ合う中で，さまざまなものに興味や関心をもつ ②さまざまなものに関わる中で，発見を楽しんだり，考えたりしようとする ③見る，聞く，触れるなどの経験を通して，感覚の働きを豊かにする ●身近な自然に興味をもち，探索しながら遊ぶ ●好きな玩具を見つけ，遊びを楽しむ	●身近な自然に興味を広げ，探索・模倣しながら遊ぶ ●水・砂などの特性に興味を示し，感触を楽しんだりして遊ぶ
			言葉 ①言葉遊びや言葉で表現する楽しさを感じる ②人の言葉や話などを聞き，自分でも思ったことを伝えようとする ③絵本や物語などに親しむとともに，言葉のやり取りを通じて身近な人と気持ちを通わせる ●保育教諭等との応答の心地よさを感じながら，身振りなどで思いを伝えようとする ●絵本や歌遊び・日常の簡単な挨拶を楽しみ，いろいろな言葉に触れる	●自分の思いを話そうとしたり，簡単な言葉でやり取りをしたりして，自ら言葉を使おうとする ●言葉遊びや絵本・ごっこ遊びを通して，繰り返しのある言葉のやり取りや模倣を楽しむ
			表現 ①身体の諸感覚の経験を豊かにし，さまざまな感覚を味わう ②感じたことや考えたことなどを自分なりに表現しようとする ③生活や遊びのさまざまな体験を通して，イメージや感性が豊かになる ●音・形・手触りなど生活のさまざまなものに刺激を受け，存分に関わることを楽しむ ●保育教諭等の温かな受容の下，感じたことを自分なりに表現しようとする	●諸感覚を働かせながら，さまざまな素材に触れる ●多様な発見を楽しみ，イメージを豊かにする ●保育教諭等の受容の下，興味のあることを真似たり，経験したことを自分なりに表現しようとする

健康支援	定期的な発育状況の把握や健康診断を実施・嘱託医による健康診断（歯科検診・内科検診）や日常的な連携・年間保健計画の作成（別紙） ○3歳未満児：一人一人の生活リズムの考慮と生理的欲求を満たす，○3歳以上児：安全で健康的な生活習慣の習得（歯磨き・着替え・消毒など）		
食育の推進	栄養バランスに配慮した自園給食の提供・異年齢交流のランチルーム設置・食物アレルギー児への配慮・年間食育計画の作成（別紙） ○3歳未満児：育児担当制による食事提供への配慮，○3歳以上児：基本的食習慣形成，根菜類の菜園・地域交流		
衛生・安全管理	安全で衛生的な環境づくり（危機管理マニュアル・ヒヤリハットマップ作成）・設備用具の園内点検・不審者対策訓練・園庭整備（感染症予防） ○3歳未満児：快適な生活空間の確保（温湿度や採光・換気への配慮），○3歳以上児：警察署の安全教室・消防署の視察		
災害への備え	危険等発生時対処要領の作成，備品品・非常持出品・防火設備・避難経路の定期的確認，避難訓練（火災・地震・水害），緊急時保護者引き渡し訓練 ○3歳未満児：連携・役割分担による迅速避難（乳母車保管・災害時ルート確認），○3歳以上児：見通しをもった避難のための対応策共有と安全確保		
長時間保育	在園時間や集団生活の経験年数の差，家庭環境等を踏まえ，発達の個人差に十分留意しながら，安心して快適に過ごせるよう配慮する ○3歳未満児：個々の欲求や生活リズムへの細やかな対応と快適な環境構成，○3歳以上児：生活リズムの多様性・活動と休息のバランスへの配慮		

3．全体的な計画の内容と作成上のポイント　**53**

園の教育・保育目標	①基本的な生活習慣を養い，身体諸機能の調和的発達を図る ②自主・自立及び協働の精神並びに規範意識の芽生えを養う ③身近な環境や自然に対する興味を養い，それらに対する正しい知識・理解・思考力の芽生えを養う ④言葉の使い方を正しく導くとともに，相手の話を理解しようとする態度を養う ⑤さまざまな表現に親しみ，豊かな感性と表現力の芽生えを養う ⑥快適な生活環境や保育教諭等との信頼関係の構築を通して，心身の健康の確保及び増進を図る

考力，判断力，表現力等の基礎」

3歳児	4歳児	5歳児	保幼小接続期
身近な友だちや環境と積極的に関わり，意欲をもって活動する	信頼感を深め，友だちと共に感情豊かな表現をする	集団生活の中で主体的に活動し，多様な体験を積み重ねる	幼児期の終わりまでに育ってほしい姿
①明るく伸び伸びと行動し，充実感を味わう ②自分の体を十分に動かし，進んで運動しようとする， ③健康，安全な生活に必要な習慣や態度を身に付け，見通しをもって行動する			健康な心と身体
●十分に体を動かし，遊具を使った遊びを楽しむ ●生活の流れがわかり，自分でできることをしようとする	●全身を使ってさまざまな活動に挑戦する ●健康・安全な生活に必要な習慣や態度に関心をもつ	●目標をもって活動に取り組む ●健康・安全な生活に必要な習慣や態度を身に付け，見通しをもって行動する	自立心
①幼保連携型認定こども園での生活を楽しみ，自分の力で行動することの充実感を味わう ②身近な人と親しみ，関わりを深め，工夫したり，協力したりして一緒に活動する楽しさを味わい，愛情や信頼感をもつ ③社会生活における望ましい習慣や態度を身に付ける			協同性
●保育教諭等の仲立ちを通して。友だちと思いを伝え合って遊ぼうとする ●友だちと徐々に関わる中で，簡単なルールを守って遊ぼうとする	●友だちとイメージを共有しながら，工夫したり協力したりしながら遊ぶ ●思い通りに行かない葛藤を経験し，自分の思いを伝えたり相手の思いに気付く	●友だちと関わる中で，決まりの大切さや善悪に気付き，考えて行動する ●友だちと協力してやり遂げる達成感や充実感を味わう	道徳性・規範意識の芽生え
①身近な環境に親しみ，自然と触れ合う中でさまざまな事象に興味や関心をもつ ②身近な環境に自分から関わり，発見を楽しんだり，考えたりし，それを生活に取り入れようとする ③身近な事象を見たり，考えたり，扱ったりする中で，物の性質や数量，文字などに対する感覚を豊かにする			社会生活との関わり
●さまざまな自然や事象へ関心を広げ，親しみをもって自ら関わろうとする ●色や形に興味をもち，集めたり分けたりして遊ぶ	●さまざまな自然や事象と積極的に関わる中で，生活や遊びに取り入れようとする ●色や形・数量等に関心をもち，比べたり数えたりする	●多様な自然や事象に主体的に関わり，試したり，工夫したり，発見したりして遊ぶ ●生活の中で，物の性質・時間・数量・図形・文字等に関心を寄せる	思考力の芽生え
①自分の気持ちを言葉で表現する楽しさを味わう ②人の言葉や話などをよく聞き，自分の経験したことや考えたことを話し，伝え合う喜びを味わう ③絵本や物語などに親しみ，言葉に対する感覚を豊かにし，保育教諭等や友だちと心を通わせる			自然との関わり・生命尊重
●経験や感じたことを自分なりの言葉で保育教諭等や友だちに伝えようとする ●絵本や物語に親しみ，興味をもって聞こうとする	●自分の思いを伝えたり相手の思いを聴いたりしながら会話を楽しむ ●絵本や物語・言葉遊びを通じて想像することを楽しむ	●共通の目的をもって友だちと話し合ったり相手の言葉に耳を傾ける態度を身に付ける ●遊びや生活の中で文字に親しむ ●素話などで物語のイメージを豊かにする	数量や図形，標識や文字等への関心・感覚
①いろいろなものの美しさなどに対する豊かな感性をもつ ②感じたことや考えたことを自分なりに表現して楽しむ ③生活の中でイメージを豊かにし，さまざまな表現を楽しむ			言葉による伝え合い
●自分でイメージを広げたり，見立て遊びを楽しむ ●見たり考えたりしたことを，自分なりに表現することを楽しむ	●友だちと一緒に遊びのイメージを共有しながら，多様な表現を楽しむ ●感じたり考えたりしたことを，さまざまな方法で表現する	●友だちと心を通わせながら，共に表現する過程を楽しむ ●美しいものや心を動かす出来事を通じて，豊かなイメージをもちながら表現する	豊かな感性と表現

子育ての支援	子育てを自ら実践する力の向上をめざした保護者の自己決定の尊重，各家庭の多様性への配慮，連絡帳・園だより・保育参加・保護者懇談会などA市子ども子育て支援事業計画を踏まえ，在園児及び地域の子育て家庭の教育・保育の拠点として，園開放・妊娠期からの子育ての相談を実施する
特別な配慮を必要とする園児への支援	園児の人権・文化・個人差など踏まえた多様性と公平性に配慮した手立ての検討（個別の教育及び保育支援計画），保護者・専門機関との連携（保育参加や参観），さまざまな配慮を要する園児と他児との関係性の重視と平等意識の涵養
小学校との連携，地域との連携	乳幼児期から中学校修了期までの途切れのない接続をめざした情報共有（要録・相互参観・交流事業・共同研究や公開研究事業），アプローチカリキュラムの見直し，幼稚園・保育所・小中学校・高齢者及び障害児者施設・保育者養成校との交流・連携，地域全体の教育・福祉の増進
園内外における研修	○園内研修：「子どもの内から育つ力を育む豊かな保育環境」を主題に，月1回の保育カンファレンスや公開保育を行い，資質向上をめざす ○園外研修：園の教育・保育の資向上に資する研修への参加・情報共有（キャリアアップ研修への参加・実践研究会での動向把握）
自己評価・他者評価	○自己評価：各教職員が自己評価を年度末に実施し，自己課題を見出す　○園評価：年度末に園全体の評価を教職員全員で行い，次年度反映する ○他者評価：養成校教員・学生などの積極的な視察受け入れ，保護者満足度調査や第三者評価等の外部評価結果の検討・反映

第5章　幼保連携型認定こども園教育・保育要領における「全体的な計画」「指導計画」の基礎理解

4．長期の指導計画と作成上のポイント

1 長期の指導計画とは

　幼保連携型認定こども園では，全体的な計画に基づいて長期の指導計画（年間指導計画・期間指導計画・月間指導計画）を作成する。教育・保育要領解説には以下の記載がある（pp.94-95）。

> 　長期の指導計画は，各幼保連携型認定こども園の「全体的な計画」に沿って園児の生活を長期的に見通しながら，具体的な指導の内容や方法を大筋で捉えたものである。長期の指導計画は，これまでの実践の評価や累積された記録などを生かして，それぞれの時期にふさわしい生活が展開されるように作成することが大切である。その際，季節などの周囲の環境の変化や行事なども，園児の発達や生活を十分に考慮して位置付けることが必要である。

　表5-2の年間指導計画例は，3歳児の4月期から3月期までの1年間にわたる教育と保育を一体的にとらえながら，どのように展開していくかを長期的に示したものである。また，**表5-3の月間指導計画（月案）例**は，**表5-2**の年間指導計画に基づき，3歳児の4月期の指導計画をより具体的に示したものである。

2 長期の指導計画の作成上のポイント

（1）全体的な計画とそれぞれの長期の指導計画との系統性に配慮する

　年・期・月間指導計画などの長期の指導計画を作成する際には，全体的な計画にしたがって大まかな園児の生活や具体的な指導内容を長期的に見通しながら，系統性を保って作成することが大切である。その時期にふさわしい生活をしているか，発達の実情に即しているかなどに留意し，各計画が独立的・断片的になっていないかを確認したり，全体的な計画に立ち返って系統性を再度見直したりしながら，丁寧に作成していくことが重要である。

（2）園生活の全体を視野に入れて，学年や学級等の間の連携を図りながら作成する

　同時に，長期の指導計画を作成する際には，園生活の全体に視野を広げながら，園児の発達の過程を見通しつつ，季節の変化などに留意することが大切である。その時期に味わうことが望ましい体験や季節の移ろいなどを意識しながら，学年間や学級間で常に連携を図りつつ，職員が協働しながら作成していく。

　特に，2歳期後半から3歳期前半への移行期は，園児数と保育教諭の比率や学級規模が大きく変動すること，新入園児と満3歳未満からの在園児が一緒に園生活を始めることなどから，環境の変化に不安や緊張を示す園児も想定される。在園年数や1日の保育時間の多様性など各学級の実態に配慮しつつ，3歳未満から既に在園している園児も，4月以降に3歳以上児として新しく入園した園児も，共に安心した園生活を送れるよう工夫するなど，移行期における園児の発達や生活の連続性に配慮した長期の指導計画を作成することが求められる。

4．長期の指導計画と作成上のポイント　55

表5-2　幼保連携型認定こども園における年間指導計画（3歳児の例）

幼保連携型認定こども園　Ａこども園　20XX年度　3歳児　年間指導計画（例）

年間目標 （学年の重点）	○身近な友だちや環境と積極的に関わり，意欲をもって活動する ○基本的な生活習慣を身に付け，積極的に活動する ○体を十分に動かして，さまざまな動きを楽しみ，心地よさを味わう ○友だちと関わる中で，遊びのルールを知り，相手の気持ちを考えようとする ○保育教諭等や友だちとの関わり合いの中で，多様な言葉に触れ，言葉で思いを伝える喜びを味わう ○感じたことや自分の思いを自分なりのさまざまな方法で表現しようとする ○安全や衛生に関する意識が芽生える		
教育・保育において 育みたい資質・能力	①知識及び技能の基礎，②思考力・判断力・表現力等の基礎，③学びに向かう力・人間性等		
幼児期の終わり までに育ってほ しい姿	ア健康な心と体　イ自立心　ウ協同性　エ道徳性・規範意識の芽生え　オ社会生活との関わり　カ思考力の芽生え　キ自然との関わり・生命尊重　ク数量や図形，標識や文字などへの関心・感覚　ケ言葉による伝え合い　コ豊かな感性と表現		
健康・食育， 衛生・安全， 災害への備え	○健康状態，アレルギーの確認，食に関する発達状況を把握しながら，一人一人の状態に応じた働きかけをする ○園児一人一人が安全で見通しをもった避難ができるよう，避難経路・避難方法などの災害時の対策策を日頃から明確にし，共有する		
子育ての支援	○新入園児の保護者が安心できるよう細やかに働きかけ，信頼関係を築きながら，子育てを自ら実践する力の向上に資するようにする ○在園児の保護者との関係をさらに深めながら，新しいクラス体制への理解を促しつつ，不安の緩和・保護者の自己決定の尊重を継続する		
期	第Ⅰ期（1学期：4～7月）	第Ⅱ期（2学期：8～12月）	第Ⅲ期（3学期：1～3月）
園児の姿	○保育教諭等に受け入れられ，安心感をもって登園する ○園生活の流れがわかり，自分で身の回りのことをしようとする ○自分の好きな遊びを見つけ，遊びや活動を自ら楽しもうとする	略	○基本的な生活習慣が身に付き，自信をもって身の回りのことをしようとする ○クラスの友だちとの関わりややり取りを楽しみ，一緒に遊ぶ喜びを感じる ○保育教諭等の手伝いや友だちへの思いやりなど，進んで行動しようとする
ねらい	○喜んで登園し，園生活の流れに慣れる ○保育教諭等に親しみをもち，関わり合いを楽しむ ○好きな遊びを見つけ，自ら楽しもうとする	略	○基本的な生活の仕方がわかり，身の回りのことを自分で行う ○友だちとの関わりを広げながら，集団で遊ぶ楽しさを味わう ○自信をもちながら，進級に期待を寄せる
内容	○簡単な手遊びやふれあい遊びを通して，新しい保育教諭等や友だちに親しむ ○戸外や室内で玩具や遊具に触れながら安心して遊ぶ ○砂・水・泥などのさまざまな自然の素材に触れながら，感触を楽しむ	略	○伝統的な遊びや行事に触れて楽しむ ○友だちとの会話ややり取りを楽しみながら，友だちとイメージを共有して遊ぶ ○作ったり描いたりしたものを自ら遊びに取り入れながら，考えたり工夫したりする過程を楽しむ
環境構成	○自ら遊びたくなるような環境やコーナーを整える ○一人一人の健康状態に配慮し，安心して遊びや生活を楽しめる雰囲気づくりをする	略	○友だち同士でイメージを共有できるよう，絵本や写真などの視覚的な環境を工夫する ○さまざまな種類の素材を整え，園児が自ら試行錯誤ができるような環境設定を工夫する
援助・配慮	○園児一人一人を温かく受け入れ，思いを受け止めたり共感したりしながら関わる ○身の回りのことを自分でできるよう，丁寧に伝えながら援助する	略	○葛藤体験や相手の思いを考える経験に寄り添い，自ら乗り越えるよう支える ○友だちの良さを広め，互いに認め合えるクラスの雰囲気づくりに努める
健康・食育 衛生・安全 災害への備え	○着替えや排泄など，個々の健康状況に応じて援助する ○保育教諭等や友だちと和やかな雰囲気の中で美味しく食べることに慣れるようにする ○避難時には，保育教諭等の話をよく聞いて安心して行動できるよう配慮する	略	○室内の温湿度の変化に留意し，換気や加温などを調整しながら，快適さを保つ ○基本的な食習慣を身に付け，食への感謝の気持ちをもてるようにする ○手洗い・うがいなど健康管理の大切さに気付き，自ら行動できるようにする
子育ての支援	○園と家庭で園児の細やかな情報交換を行い，保護者が安心感をもてるようにする ○熱中症など健康管理の対策を知らせ，保護者と共に園児の健康を保てるようにする	略	○クラスの遊びを保護者や地域の方々に発信・共有できるよう配慮する ○健康管理の重要性や基本的な生活習慣を身に付けるための具体的な方法を知らせる
園行事	○入園・進級式　○誕生会 ○園外保育　　○避難訓練 ○内科・歯科検診　○七夕まつり ○身体測定　　○保育懇談会	○園外保育　○誕生会 ○プレイデイ（運動会） ○避難訓練　○防犯訓練 ○秋の遠足　○身体測定 ○クリスマス会	○園外保育　　　　　○誕生会 ○フェスタ（生活発表会）○避難訓練 ○節分豆まき　　　　○お別れ会 ○身体測定　　　　　○卒園式

56 第5章 幼保連携型認定こども園教育・保育要領における「全体的な計画」「指導計画」の基礎理解

表5-3 幼保連携型認定こども園における月間指導計画（3歳児4月期の例）

幼保連携型認定こども園　Aこども園　20XX年度　3歳児4月　月間指導計画（例）

先月末の園児の姿	○さまざまな素材や玩具と関わり，自分のしたい遊びを楽しむ ○進級に期待を高めたり，生活空間への変化に不安を抱いたりする	教育・保育において育みたい資質・能力	①知識及び技能の基礎 ②思考力・判断力・表現力等の基礎 ③学びに向かう力・人間性等
月のねらい	○新しい環境・保育教諭に親しみをもち，安心して生活をする ○春の自然に触れながら，保育教諭や新しい友だちと好きな遊びを見つけて遊ぶ ○新しい環境における生活の仕方を知る	幼児期の終わりまでに育ってほしい姿	ア健康な心と体　イ自立心　ウ協同性　エ道徳性・規範意識の芽生え　オ社会生活との関わり　カ思考力の芽生え　キ自然との関わり・生命尊重　ク数量や図形，標識や文字などへの関心・感覚　ケ言葉による伝え合い　コ豊かな感性と表現
健康・食育衛生・安全災害への備え	○一人一人の健康状態等について前年度保育教諭等と引継ぎをする ○アレルギー児の確認や食に関する発達状況を把握する ○初めての避難訓練で，避難経路・避難方法を知る	子育ての支援	○環境の変化に伴う不安や緊張を保護者も一緒に受け止めてもらえるよう，園と家庭の情報を共有する ○新入園児の保護者には具体的な園児の姿を伝え，保護者が保育教諭と関係を築けるように配慮する

期	第1週	第2週	第3週	第4週
週のねらい	○保育教諭に親しみをもつ ○自分の場所やもののありかを知る	略	略	○保育教諭と一緒に好きな遊びを楽しむ ○身支度や片付けなど，自分でしてみようとする意欲をもつ ○安全に園生活を送るための決まりを知る
内容	○保育教諭に元気に挨拶をしたり，応答したりする ○生活の仕方や，ロッカーや靴箱などの自分の場所がわかる	略	略	○製作やままごとなど好きな遊びを見つけ，素材や自然に触れながら，保育教諭や友だちと一緒に遊ぶことを楽しむ ○避難の合図やルールを知り，守ろうとする ○自分で身支度や片付けに取り組む
環境構成	○新しい生活空間での生活の流れがわかるよう，遊びや生活の環境を工夫する ○興味をもちそうな素材や玩具を整えたり，安心して過ごせるスペースを設けるなど，落ち着いた雰囲気をつくる	略	略	○興味をもった遊びに夢中になれるよう玩具や素材を精選・再構成する ○砂場で見立て遊びを楽しめるよう素材を整える ○戸外でのびのびと遊べるよう事前に安全面・衛生面の確認をする ○安全に避難できるような空間づくりや，動線確保などの事前確認をする
予想される子どもの活動	○新しい環境や玩具に興味をもって関わろうとする ○不安や緊張から落ち着かない・生活の仕方に戸惑う	略	略	○戸外で同じ遊びを楽しんだ友だちに関心をもつ ○わからないことを保育教諭に尋ねながら，自分でやってみようとする ○避難訓練に不安を感じる
援助・配慮	○一人一人の気持ちに寄り添いながら，不安を和らげる ○生活の仕方を見せながら，丁寧に繰り返し伝える ○一緒にしたい遊びを楽しみ，保育教諭に安心感がもてるよう援助する	略	略	○保育教諭も園児と一緒に遊び，共に遊ぶ楽しさを味わえるようにする ○着替えや手洗いなどの衛生面に配慮して援助する ○安全に落ち着いて避難できるよう園児の不安を和らげるようにする ○長期休みに向け，保護者と持ち物や生活リズムを確認・共有する
今月の教育・保育に対する自己評価	月末に記載			

5. 短期の指導計画と作成上のポイント

1 短期の指導計画とは

前述の長期の指導計画と関連を保ちながら，より具体的な園児の生活に即した適切な指導を展開していくために，週・日などの短期の指導計画を作成する必要がある。教育・保育要領解説には，以下のように記載されている（p.95）。

> 短期の指導計画は，長期の指導計画を基にして，具体的な園児の生活する姿から園児一人一人の興味や関心，発達などを捉え，ねらいや内容，環境の構成，援助などについて実際の園児の姿に直結して具体的に作成するものである。実際には，園児の生活の自然な流れや生活のリズム，環境の構成をはじめとする保育教諭等の援助の具体的なイメージ，生活の流れに応じた柔軟な対応などを計画することとなる。
>
> その際，在園時間が様々な園児が一緒に生活することも踏まえ，特に園児の生活のリズムについては，一日の生活の中にも，ゆったりとした時間を過ごしたり，心身が活動的で充実感が得られる時間を過ごしたりして，めりはりのある生活を営むことができるようにすることが大切である。また，園児が環境に関わって展開する活動は，一つ一つが単独で存在するのではなく，互いに関連し合って生活の充実感を得られるものである。園児の興味や欲求に応じて，活動と休息，日常性と変化，個人とグループや学級全体などについて生活の自然な流れの中で考えていく必要がある。

表5－4の短期の指導計画（例）は，表5－3の3歳児4月期の月間指導計画（例）に基づきながら，その中の第4週の1週間に焦点を当て，見通しをもって具体的に計画した週間指導計画（週案）である。日々の生活の連続性に留意しながら，保育室内外の環境を構成すると同時に，園児の遊びや生活がどのように展開するかを具体的に予想しながら，必要となる保育教諭の援助や配慮をより詳細に明記した保育マップ型の週案の例である。

また，満3歳未満児の週案を作成する際は，園児の発達の緩やかさを考慮したり，週のねらい・内容の定着を図ることを意図したりしながら，1週間ごとの週案ではなく，2週間分をまとめた2週案として作成する場合もある。

表5−4　幼保連携型認定こども園における週間指導計画（3歳児4月期第4週の例）

幼保連携型認定こども園　Aこども園　20XX年度　3歳児4月第4週指導計画（例）

先週の園児の姿	○園生活の大まかな流れを把握し始めている ○身支度や排泄などで戸惑ったときは、1つずつ尋ね確認する ○新しい集団生活に疲れも見られ、昼食時に眠くなる姿もある ○興味を示した玩具や遊具で遊びを楽しむ（ブロック・電車遊び・ままごと・製作・絵本・色水遊び・虫探し・砂遊びなど） ○園庭の花壇でだんご虫やチューリップを発見して、喜ぶ	組人数	すずらん組　15名 （男児8名・女児7名） 【1号6名・2号9名】	園長印	主任印	担任印
		子育ての支援	○4月期の園児の園生活及び家庭の姿を保護者と情報共有する ○長期休みに向け、保護者と持ち物や生活リズムを確認・共有する			
週のねらい	○保育教諭と一緒に好きな遊びを楽しむ ○身支度や片付けなど、自分でしてみようとする意欲をもつ ○安全に園生活を送るための決まりを知る	教育・保育の内容	○製作やままごとなど好きな遊びを見つけ、素材や自然に触れながら、保育教諭や友だちと一緒に遊ぶことを楽しむ ○避難の合図やルールを知り、守ろうとする ○自分で身支度や片付けに取り組む			

☆環境構成 ◆予想される園児の姿 ○援助・配慮	☆砂場で見立て遊びを楽しめるよう素材を整える ☆見つけた虫や花の名前を探せるよう絵本コーナーに図鑑を配置する ☆戸外でのびのびと遊べるよう事前に安全面・衛生面の確認をする ◆砂場で型抜き遊びをしたり、花壇で虫を探す（A児・H児・Y児） ◆色水の混じり合いを喜び、何度も繰り返して遊ぶ（C児・K児） ○園児と一緒に遊びや発見を楽しみ、気持ちを共有する ○着替えや手洗いなどの衛生面を配慮する ○遊具の使い方・片付け方を伝え、安全に遊べるよう配慮する ☆安全に避難できるような空間づくりや、動線確保などの事前確認をする ◆避難訓練に不安を感じる（K児・H児・Y児・N児） ○安全に落ち着いて避難できるよう、園児に寄り添い不安を和らげる	☆ゆっくりくつろげる空間と活動的に遊べる空間を分ける ◆ままごとコーナーで料理を並べて楽しむ（Y児・M児・K児） ◆絵本を読みながら、自分の居場所を見出そうとする（新入園K児・N児・T児） ○保育教諭も一緒に加わり、友だちを交えてお家ごっこを楽しむようにする ○落ち着いて過ごしたい気持ちに寄り添い、好きな絵本の世界を共に味わう 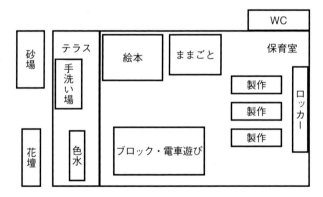 ☆遊びに夢中になれるよう、玩具や素材を精選・再構成する ◆広告でヒーローの剣を作って、見立て遊びを楽しむ（S児・A児・K児） ◆ブロックで長い線路を作り、電車を走らせて喜ぶ（Y児・N児） ○素材を自ら選んだり、取り出したりしやすいよう配置する ○遊びの動線に留意しながら、安全に楽しく遊べるようにする	☆トイレのスリッパやお手拭きタオルなど衛生的な環境を保つ ◆トイレの使い方に戸惑う（N児・K児） ◆持ち物をしまう場所に困惑する（Y児） ○傍で寄り添い、安心して使用したり、片付けられるよう援助する

曜日	月	火	水	木	金	土
行事等		○誕生会	○避難訓練			希望保育
◇園児の具体的な姿 ●反省・評価	当日終了後に記載	当日終了後に記載	当日終了後に記載	当日終了後に記載	当日終了後に記載	当日終了後に記載
週の反省	週末に記載					

2 短期の指導計画の作成上のポイント

（1）園生活の流れや園児の実態に応じて，柔軟に対応できるように配慮する

特に，園生活にねざした週案・日案などの短期の指導計画は，園児の生活リズム，一人一人の興味・関心のありか，発達の実情などを総合的にとらえながら，ねらいや内容・環境構成などを検討し，より園児の生活や遊びが豊かになるように，具体的に作成する。

その際，多様な生活リズムの園児が生活を共にするという幼保連携型認定こども園の特性を踏まえ，状況に応じて柔軟に対応できるよう，弾力的な計画を作成することが求められる。活動的な時間とゆったり過ごす時間の連続性やバランスなどを視野に入れながら，園児にとって充実感が得られるようなきめ細やかな配慮が必要となる。

（2）園児の興味が継続・発展していく活動が組み込まれるよう配慮する

日々の園生活にねざしている短期の指導計画の特性を踏まえ，各学級担任や担当が指導計画を作成する際には，他の保育教諭等と情報交換しながら，園児の具体的な姿を的確に把握するなど，子ども理解を出発点としたデザインをすることが重要な出発点となる。

その上で，園児が保育環境とどのように出会うかという点に配慮しながら，園児が主体的に関わることができる環境を整えると同時に，その活動が単発にならず，園生活の自然な流れの中に組み込まれていくように配慮していく。短期の指導計画を作成する際には，このような活動の連続性や，グループや学級・学年を超えた発展性などに配慮するなど，活動の展望を見据えた計画を作成することを意識しておきたい。

【参考文献】
・内閣府・文部科学省・厚生労働省：『幼保連携型認定こども園教育・保育要領解説』（2018）
・無藤隆・汐見稔幸・砂上史子：『ここがポイント！３法令ガイドブック』，フレーベル館（2017）
・保育総合研究会監修：『平成30年度施行新要領・指針サポートブック』，世界文化社（2018）
・内閣府：『子ども・子育て支援ハンドブック（平成27年７月改訂版）』（2015）
・河邉貴子：「明日の保育の構想につながる記録のあり方 ～「保育マップ型記録」の有効性～」，保育学研究，第46巻第２号，pp.109-120（2008）
・上村晶：「保育現場におけるカリキュラムデザインに関する研究（１）－幼保連携型認定こども園教育・保育要領における指導計画の在り方に着目して－」，中部教育学会第64回大会口頭発表資料（2016）

【参考資料】
・幼保連携型認定こども園 寺子屋大の木 2018年度版資料（年間指導計画・週指導計画）
・江南市保育指導計画 2018年度版資料（全体的な計画・年間指導計画・月間指導計画・週案）
・川西市立幼保連携型認定こども園教育及び保育の内容に関する全体的な計画 2018年度版資料（市基本モデル）

60　第5章　幼保連携型認定こども園教育・保育要領における「全体的な計画」「指導計画」の基礎理解

★ 考えてみよう，ディスカッションしてみよう ★

● 本章で学んだ幼保連携型認定こども園の「全体的な計画」と「長期の指導計画」「短期の指導計画」の関係について，自分で図式化してみよう。

● 幼保連携型認定こども園の「全体的な計画」と第3章で学んだ保育所の「全体的な計画」の違いについて，図式化をしながら比較してみよう。

第6章 乳児保育における「指導計画」のデザインと実践展開〈0・1・2歳児保育を中心に〉

　2017年の保育所保育指針の改定で乳児保育の充実が示された。質の高い乳児保育をめざしたものである。質の高い保育の重要な要件に目に見えない心の育ち（愛着を築いていくこと）がある。乳児は，5～6か月ころになると，特定の大人と深い心の絆を求めるようになる。これは，人は人とつながっていたい」，「人といっしょにいることを楽しんでこそいい人生が送れる」という，人として生きていく第一歩である。「人としての情緒的発達の起源」喜びも楽しみもわかちあってこそ，本当の喜びであると，フランスの心理学者アンリ・ワロン[*1]も述べている。保育のはじめの一歩において何より大切にしたいことである。質の高い保育をめざすためには，こうした人とのつながりを大切にした生活をデザインしていきたいものである。

1. 保育所保育指針に示された「乳児保育」「1歳以上3歳未満児の保育」の視点

1 乳児保育の「3つの視点」

　2017年の保育所保育指針の改定で，乳児保育では乳児期の発達の特徴を踏まえた「ねらい及び内容」として，3つの視点が示された。図6－1に示すような「健やかに伸び伸びと育つ（身体的発達に関する視点）」「身近な人と気持ちが通じ合う（社会的発達に関する視点）」「身近なものと関わり感性が育つ（精神的発達に関する視点）」である。

　そこで示された「内容の取扱い」では，具体的に保育がイメージできるように表されている。

　例えば「身近な人と気持ちが通じ合う」ことに関しては，内容の取扱いに「保育士等との信頼関係に支えられて生活を確立していくことが人と関わる基盤となることを考慮して，子どもの多様な感情を受け止め，温かく受容的・応答的に関わり，一人一人に応じた適切な援助を行うようにすること」と書かれている。配慮事項では，「一人一人の子どもの生育歴の違いに留意しつつ，欲求を適切に満たし，特定の保育士が応答的に関わるように努めること」とある。

---

*1　Henri Wallon（1879 - 1962），フランスの精神科医，発達心理学者，教育者。

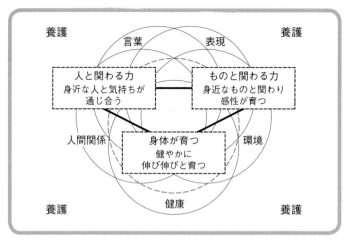

図6-1　乳児保育の3つの視点
(厚生労働省：「保育所保育指針の改定に関する議論の取りまとめ」(2016) より)

これは，緩やかな担当制をとり，担当している保育士が継続的に関わることで人との基本的信頼を形成するという，乳児保育の方法の基本が示されている。

2　1歳以上3歳未満児の保育は，保育内容「5領域」の観点で

　1歳以上3歳未満児の保育内容は，乳児の「3つの視点」から3歳以上の保育内容と同様に「健康，人間関係，環境，言葉，表現」の5領域へとつなげて構成されており，各領域名とそれに続く一文は，1歳以上3歳未満児と3歳以上児でまったく同じに示されている。「ねらい」「内容」「内容の取扱い」については，1歳以上3歳未満児と3歳以上児で文言に違いはあるが，つながりのある内容で示されている。以下に「健康」の「ねらい」を例に示した。

「健康」　健康な心と体を育て，自ら健康で安全な生活をつくり出す力を養う

【1歳以上3歳未満児の「ねらい」】
① 明るく伸び伸びと生活し，自分から体を動かすことを楽しむ。
② 自分の体を十分に動かし，様々な動きをしようとする。
③ 健康，安全な生活に必要な習慣に気付き，自分でしてみようとする気持ちが育つ。

【3歳以上児の「ねらい」】
① 明るく伸び伸びと行動し，充実感を味わう。
② 自分の体を十分に動かし，進んで運動しようとする。
③ 健康，安全な生活に必要な習慣や態度を身に付け，見通しをもって行動する。

　なお，保育では，領域ごとに分けて子どもをみるのではなく，それぞれが重なり合っていることを意識することが大切である。
　「内容の取扱い」においては，子どもの気持ちに配慮した，温かいふれあいの中で心と体の

発達を促すこと，保育者の温かい関わりの中で子どもの主体性が育まれていくことの重要性が示されている。また，子どもの不安定な感情の表出などには，保育者等がその気持ちを十分受け止めながら，そうした気持ちから立ち直る経験や，感情をコントロールすることへの気付きにつなげていくことができるような援助をすることも示されている。さらに，この時期の子どもの心の揺れ動きに寄り添うことで，自律性の芽生えが育っていくことが示されている。表現の領域では，身近な自然や身の回りの事物に関わる中で，発見や心が動く経験が得られるよう諸感覚を働かせることを楽しむ遊びや素材を用意するなどの保育の環境づくりが求められている。

　こうした保育の内容を子どもの生活デザインや計画作成に取り入れていくことが保育者の専門性として求められていることを認識しておこう。

2．子ども一人一人を理解して自立に向けた生活習慣づくりから始めよう

　食事・睡眠・排泄は，子どもの生命を維持していく上で，欠かすことのできないものであり，心身の発達を支える大切なものである。子どもの「生活リズム」をつくるには時間がかかるが，焦らず一人一人の生活に寄り添いながら取り組みたいものである。

1 食　　事

（1）授　　乳

　赤ちゃんの授乳は栄養を摂取するという大切な営みのほかに，自分の世話をしてくれる大人にしっかり抱かれて飲むということで，人との信頼関係を築くという重要な役割がある。授乳をするとき赤ちゃんと一対一でゆっくり目を合わせて，「いっぱい飲んでね」などとやさしく語りかけることが大切である。目と目を合わせて，赤ちゃんが満足するまでゆったりとした気

図6-2　授乳中のアイコンタクト

64 第6章　乳児保育における「指導計画」のデザインと実践展開〈0・1・2歳児保育を中心に〉

持ちで向き合うことで，心も体も豊かに育っていく。大人の心もちは，赤ちゃんにすぐに伝わるものである。赤ちゃんとゆったり向かい合い，赤ちゃんの欲求を満たすことを最優先に考えて授乳する（**図6-2**）。

（2）食べる

「食べる」ということは，健やかな育ちの基盤であり，生きる原動力である。子どもの食べる意欲は，さまざまな意欲の源である。大人に食べさせてもらうことで，生きることを支えてもらい，やがて自分一人で食べたがり，「自分はこれを食べたい」という自分で選んで食べることへとつながっていく。好き嫌いが出てきて食べない時期が続くかもしれないが，味覚の発達など，成長の過程であることを忘れてはならない。

食べさせることに力を注がないで，「自分で食べたい」という意欲を支えてあげることが何より大切である。1歳6か月～2歳ころは，そしゃく能力の獲得期である。口の中で食べ物を分別して，噛むことによって脳を刺激するなど，そしゃく力の発達はとても重要である。子ども一人一人の食べ方をよく観察して，その子どもが噛んで飲み込める一回の量を把握しておくことが大切である。「おいしいね。よく噛んで食べようね」などと言葉をかけながら，子どもが楽しく喜んで食べることに意欲がもてるようにしたい。**表6-1**に乳児の発達と食生活の概要を示した。

表6-1　乳児の発達と食生活

	心とからだの育ち	食生活のめやす	大人の援助
6か月未満	・生まれる―環境への適応 ・感覚を通して周囲に関心をもつ ・首がすわる（3～4か月） ・泣く・笑う・喃語の発生 ・寝返り（4～9か月）	・自律授乳（個人差に応じた授乳） ・母乳・人工栄養 ・離乳初期（5～6か月） 　パクパク・ごっくん	・安心の中で食べる意欲をもたせるようにする。 ・生理的欲求を心地よく満たす ・抱っこ（対人要求に応える）
1歳3か月	・おすわり（7～8か月） ・はいはい ・人見知りとアタッチメントの成立 ・指さし（三項関係） 　　⇒　意味ある言葉の出現 ・つかまり立ち　⇒　ひとり歩き	・離乳中期（7～8か月） 　もぐもぐ ・離乳後期（9～11か月） 　かみかみ ・離乳完了期（12～15か月） 　一人で食べたがる	・生活リズムの安定を図る ・「食べる気持ち」をもたせてから食事を始める ・子どもの健康状態や様子に応じて食べさせる（無理に食べさせない） ・こぼしても，手づかみでも，一人で食べたいという満足感を味わわせる
2歳未満児	・一語文の発生 ・見立て・ふり行為　⇒　模倣 ・「これなあに？」第一質問期 ・手先の機能の発達が著しい	・離乳完了　かみかみ・カチカチ ・好き嫌いが出てくる ・スプーン・フォークを使って自分で食べようとする	・食の体験を広げる（アレルギーに気を付ける） ・楽しい雰囲気の中で食事や間食が食べられる ・大人が一緒に食事をする中でよく噛んで食べることを習慣化させる ・偏食に対して無理強いしない
2歳児	・走り回る ・乳歯が生えそろう（20本） ・激しい感情表出と葛藤（だだこね） ・友だちへ関心を示す	・自分で食べようとする　⇒　嫌いなものでも少しずつ食べようとする ・箸に興味をもつ ・食後促されてうがいをする ・自他のものの区別がつく	・食事などの基本的な生活習慣について「自分でしようとする気持ち」を損なわないようにする ・子どもの行為の意味を考える ・スプーンを3本指（親指・人さし指・中指）で使えているか見て箸を併用していく

（今井和子：『育ちの理解と指導計画』，小学館，p.12，2017を参考に著者が作成）

2 排　泄

　人間は生命を維持するために不要なものを排泄する。自分で尿意や便意を意識して排泄するという行為を確立しなければいけない。子どもが自分の意思で排泄できるようになるまでには生後2～3年かかる。子どもが排泄したいと伝え，トイレに行って排泄できるようになるためには，以下のようなポイントがあることを覚えておこう。

① 歩行ができる
　歩けるようになるということは，膀胱におしっこがたまったことを感じるようになることを意味する。

② 言葉がわかる
　「おしっこでた？」「オマルにすわってみよう」など，身ぶりや言葉で大人が伝えたことが理解できることや，「ちーち」などの言葉を発し，身ぶりや手ぶりで示すなど，意思表示できる。

③ おしっこの間隔が2時間くらいあくこと
　おしっこの間隔が2時間くらいあくということは，それだけ膀胱におしっこがためられるようになったことを意味する。この間隔に個人差はあるが，何度かそういうことがあれば，トイレトレーニングが始められる条件が整ってきたことを示す。一人一人の間隔をつかむことが必要であり，わかりづらいことであるが，根気よく行うことが大切である。保育者と保護者が協力してトレーニングを始め，園と家庭の様子を確認し合って工夫していくことが必要であろう。子どもの排泄のサインを確認しよう。

3 睡　眠

　「寝る子は育つ」といわれる。それは，睡眠には脳をつくり，育てる，守るという働きがあるからである。
　乳幼児期の睡眠は，身体や脳の機能をつくること，身体の新陳代謝を促し細胞組織を修復して再生すること，昼と夜の区別がつき生活リズムをつくるという重要な役目がある（図6-3）。

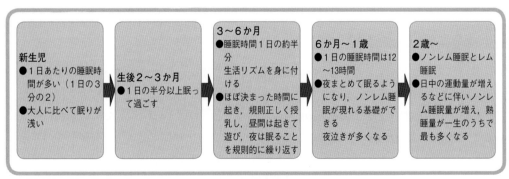

図6-3　乳幼児の睡眠リズムの変化
（今井和子『育ちの理解と指導計画』，小学館，p.16，2017を参考に著者が作成）

子どもの育ちとともに一日の睡眠時間やリズムが変化するのは，脳の発達に伴って生じるものである。乳児期の睡眠不足や睡眠リズムの乱れは，この時期の子どもにとって心身の発育・発達にとって大きな影響を及ぼすことがある。昼・夜の生活のメリハリをつけることができるようにして，夜はゆったり安心して眠ることができるように工夫したいものである。家庭での睡眠時間と園での午睡時間とを兼ね合わせて考えることができるように家庭との連携を密にしていくことが大切だろう。

3．運動機能の発達

乳児の運動発達は，まず脳に近いところから発達し始める。特に生後4か月以降は運動機能が著しく発達する時期である。大人の関わりが発達に重要な役割を果すことになる。運動機能の発達を見通しておこう。**表6−2**に運動機能と手指操作の発達を示す。

4．心と関わりの育ち

1 愛着関係

乳幼児期は，運動機能の著しい発達もさることながら，心も大きく育つ。この時期の子どもとの関わりは，泣いたり，笑ったり，「いやいや」「じぶんで」「だめ」など大人が振り回されるような行為の連発であったりと，子どもの言動や行動に一喜一憂する日々の繰り返しであるが，子どもの心の発達であることを理解して，子ども心の変化に付き合っていく必要がある。特に愛着関係の形成は最も重要なことである。

子どもの甘えや依存を受け入れることは，「人はいいものだ」という「人への基本的信頼」「生きることの喜び」を培うことになる。また，自己表現力や人とコミュニケーションする力を育み，不安や危機感を抱いたときに，愛着の対象者を安全基地として自分の安全を確保することができる。愛着関係の形成は，自我の芽生えや自立への第一歩につながっていくのである。

2 泣きと笑い

言葉で伝えることをもたない子どもの泣きは，「してほしい」という自分の思いを大人に伝える「訴えの言葉」である。その子がどうしてほしいのか，まずはその子どもの気持ちになって話しかけてみることが必要であろう。「赤ちゃん」と「泣き」は，切っても切れない関係にあることを忘れてはならない。泣くことで周りの人を自分に呼び寄せる力を発揮しているといえる。

生後間もないころの泣きは，病気でも空腹でもなく，おむつがぬれているわけでもないのに夕方になると泣く「たそがれ泣き」という現象もあれば，泣いているのに涙が出ていないから

4. 心と関わりの育ち　67

表6-2　運動機能と手指操作の発達

月齢	1～2か月	3～4か月	5～6か月	7～8か月
全身運動	●原始反射が現れやすい ●あおむけ・左右非対称の姿勢 ●うつぶせ うつぶせにしてあやすことによって、上を見ようとして首をあげる 首がしっかりして寝返りをしようとして意欲が育つ	●原始反射が消え始める 手足の進展・左右対称姿勢 首がすわる 抱っこしたときに首を支えないで立て抱きをしても首がふらつかない うつぶせにするとひじで支え少しの間、頭をあげていられる	●たいていの原始反射が消失 足と足を合わせたり、手で足を持ったりして遊ぶ ●頭を上げ、両腕を伸ばして手のひらで支える ●グライダーポーズをよくする 寝返りができるようになると、腕をつっぱりひじではうような姿勢をする。 この時期は支えられてすわることもでき、やがて一人でおすわりできる	●おなかを中心に方向転換する ●ずりばい ●おすわり ●助けられて立つ 短時間なら、両手をついて一人でできるようになる まわりへの興味が一段と高まり、探索活動が活発になる
手指操作	●両手を軽く握っている	●手が開いてくる（手を伸ばす） ●指をしゃぶったガラガラを持たせるとしっかり握る ●ハンドリガード ●物をなめて確かめたり、さかんに指をしゃぶったりする	●両手を合わせて遊ぶ。 ●見たものをつかもうとする。 ●手のひらがもみじのように開く	●自ら物に手を出してつかむ ●物を一方に手から他方の手へ持ちかえる（両手を連係して使う） ●小さい物をかき寄せて取ろうとする ●握った物を落としたり、投げたりするような行為をする

月齢	9～11か月	11～12か月	1歳前半	1歳後半
全身運動	●はいはい（ずりばいから四つんばい） ●つかまり立ち うつぶせで周囲を見まわし興味のある対象に近づこうとする やがてひざを立てた高ばいによって、すばやく移動するようになる	●高ばい ●つたい歩き ●片手支え歩き 柱やいすにつかまって立ち上ろうとする。立ち上がってもしりもちをついてしまうことが多いが、そのうちにつたい歩きするようになる	●一人立ち ●一人歩き（歩くことそのものが楽しい。フラフラ、うろうろ歩き） ●四つんばいで階段を上るつたい歩きから、一瞬一人で立てるようになるが、バランスが取れずに尻もちをつく。そのようなくり返しのあと、自分で歩くようになる	●歩行の安定 ●しゃがむことができる ●階段を1段ずつのぼる、降りる のぼっては足をそろえることをくり返して昇降する ●行ったり戻ったりと方向転換の行動ができる ●カニ歩き ●台の上から飛び降りる（自分の飛び降りることができる高さからの挑戦） いろいろな運動ができるようになり、じっとしていられない
手指操作	●両手に物を持ち、打ち合わせて遊ぶ ●容器の中の物を次々と出す ●小さい物を指先でつまもうとする ●親指と人さし指でつまむ	●物を容器に出し入れする遊びを好む ●小さい物を指先でつまむ（玉さしの玉くらいのもの） ●指さし　⇒　伝える手	●指先への力の集中 ●積み木などを打ち、積み、並べる ●出したり、入れたりする遊びを好む（ポットン落とし） ●型はめ ●引っ張り出し ●なぐり書き	●スプーンを使って食べる ●可逆の指さし ●円を描く（ぐるぐるまる） ●積み木を3個以上積む

（今井和子：『育ちの理解と指導計画』、小学館、pp.18-21（2017）を参考に著者が作成）

「ウソ泣き」と考えてしまうような泣きもある。これは子どもの発達段階に起こる現象で，泣くことで自分の気持ちを訴えているということには変わりないことを理解しておこう。4〜5か月になると泣き方に表情が出るので，泣き方で何を訴えているのか理解できるようになる。また，6か月以降では「大人を呼ぶための泣き」ではなく，さまざまな能力の発達による視野の広がりや環境への探索から，自分で何かができないというような，思いが果たせないことなどを「泣く」という方法で表すこともある。10か月以降は，徐々に自我が芽生え，自己主張をすることで泣くというように，泣き方は子どもの成長とともに変化する。この時期の泣きは，子どもの中に育つ欲求と思い通りにいかない現実とのずれから起こることが多い。「泣き」は人が発達していくための重要な「心のバネ」であるととらえておこう。

　昔から「よく泣く子どもほど，よく笑う子どもに育つ」「今泣いていたのに，もう笑った」など，泣きと笑いは常に関係し合っている。笑いは，泣くという自分の気持ちを何とか切り替えようとしたり，意思を訴えようとしたりするものではなく，人と人との関わりを気持ちよく成立させる最も有効な手段である。あやしてもらったり，相手になって一緒に遊んでもらったりする楽しさから笑いが生まれる。子どもとのやりとりを楽しみ，たっぷり笑い合うことで気持ちが解放され生活が豊かになるとともに心身の健康増進にもつながるのである。泣いたり，笑ったり，感情豊かな生活ができるお気に入りの「ヒト，モノ，コト」がある保育環境を考えたいものである。

3　人見知り

　おおむね8か月ごろになると，よく知っている人は安心だけど，知らない人とは関わりたくないという態度をみせる。これが「人見知り」である。これは，いつも世話をしてくれる安心できる存在である特定の人と，そうでない人とを識別する能力を獲得したということである。人見知りは順調な知的な発達の表れであると同時に，特定の人との愛着関係が結ばれたかどうかの指標にもなる。この時期が保育所等の入園と重ねると，なかなか園に慣れず，保護者は後ろ髪をひかれる思いで仕事に行かなくてはならない。保護者の気持ちを十分理解して，保護者が「新しい環境に慣れるまで時間がかかるのはやむを得ない」と，気楽に人見知りと付き合っていけるようにしたいものである。

4　言葉の発達—三項関係

　意味のない音声に聞こえる「喃語」は，赤ちゃんにとって大切なコミュニケーションのツールである。積極的に大人が応答することで親愛関係が深まる。これはのちに意味のある言葉として発するようになる。話し手，聞き手，対象となるものの三者が関わり合う表現の場が形成されてきたことを意味する。「マンマ」「ブーブ」といった「一語文」には，いろいろな意味が込められている。この時期の子どもは，さかんに一語文を発して大人と関わろうとする。大人は，「二語文」「三語文」で答えながら温かく，丁寧に関わるようにしたい。子どもはその言葉を聞いて，大好きな人とお話することを楽しみながら，二語文，三語文が言えるようになる。いよいよ話し言葉へとつながっていくのである。

言葉が発達するためには，三項関係（自分と大人と興味・関心の対象）が成立することが必要である。三項関係に対応して発達してくるのが指さしである。指さしは，自分が発見した新しい世界を大好きな人に伝えようとして指をさすというように，人とコミュニケーションするための道具として行う行為であり，人とつながる第一歩，人と気持ちを交流させる媒体であるといってよいだろう。三項関係の成立は，人が言葉を使ってコミュニケーションするためには重要である。子どもがみせる姿を見落とさないようにして，ゆったりと関わることを心がけたいものである。

5 自我の芽生え

　1歳半から2歳にかけて，「いや」「だめ」と，何を言っても拒否するようになる。この拒否する言葉は，子どもの心の中で親しい大人からの自立をしようとする表れである。自分の欲求と他者の欲求をよく見比べて，どちらを選択しようか考える力の芽生えでもある。これが自我の芽生えである。「わたしはこうしたい」「こっちがいい」という意思が明らかになってきている証である。自立への第一歩でもあるため大事に向き合いたい時期でもある。

　自分の思いと大人の要求が食い違うことから起こる「だだこね」や要求が言語化できないでために起こる本能的な行為である「かみつき」など，いろいろなトラブルが生じる時期でもある。自分の要求が通るわけではないことを学ぶチャンスでもあり，信頼できる大人とぶつかり合うことや，人と関わることで起こる葛藤を経験することになる。子どもが他者と折り合えるようになるためには，子どもが「自分の気持ちを受け止めてもらえた」という人への信頼感があることが重要である。子どもの気持ちを尊重しながらいろいろな関わり方を試し，子どもとともに育ち合う機会にしたいものである。

　この時期は，保護者にとっても子育ての節目であり，自分の子育てに悩みを抱き，子育てが不安になることがある。保護者が気軽に子育て相談できるような雰囲気づくりをすることも大切なことである。

5．子ども一人一人の生活をデザイン（立案）する

　子どもの「今」を大切にしながら，子どもの「やりたい」気持ちがわき起こる環境をつくり，子どもの豊かな生活を保障するには，どのような生活をデザインするとよいのだろうか。「どのような生活をデザインするか」＝「子どもがよりよく成長していくための日常の生活のプランを立てる」ということになる。いわゆるカリキュラムを作るということである。カリキュラムの語源には，「人生の来歴」という意味も含まれていたとされる。人生の来歴とは，つまり「人生設計」を意味する。乳幼児期は人生設計の出発点であり，特に0，1，2歳は，人として生きる基礎を培う大切な3年間といえるだろう。子どもの豊かな生活をデザインするということは，「保育の道しるべ」すなわち保育を楽しく進めるためのプランでもある。「子どもたちは今，どんな願いをもっているのか」「子どもの欲求と保育者の願いをどうやって合わせようか」「そ

のためにはどんな環境が必要か」など，予想されることも含めて生活のプランを立てていくことになる。

1 一日の生活の流れを知る

　乳児，1～3歳未満児の一日の生活は，月齢差，個人差の大きい時期である。子ども一人一人の離乳食の進み具合や，排尿や排便の感覚，睡眠な長さや間隔などを把握する目安にもなる。デイリープログラムを作成しておくことで，一人一人の子どもが，心身共に健康で安定した園生活を送ることができる（例：**表6−3**）。好きな遊びも個々のものを具体的に示しておくことで，子どもの変化を確認できるだろう。

　また，子どもの生活リズムを保育者が確認しながら，子どもが自ら基本的な生活習慣を身に付けていくためにも必要なものである。乳児保育は，月齢差，個人差に即した養護的な支援が大きいため，一人一人の生活の様子に合わせて，具体的に作成することが大切なポイントである。そのためにも，子どもの生活を見つめ，その状況を把握する必要がある。家庭生活を視野に入れた24時間を見通して作成し，子どもの生活リズムを整え，ゆとりのある豊かな生活を保障したい。

表6−3　デイリープログラムの例

時間帯	0歳児	1歳児	2歳児
7：00〜	・登園 　視診，連絡帳提出 　おむつ交換 　持ち物整理 ・好きな遊び	・登園 　視診，連絡帳提出 　おむつ交換 　持ち物整理 ・好きな遊び	・登園 　視診，連絡帳提出 　おむつ交換 　持ち物整理 ・好きな遊び
9：00〜	外気浴　おむつ点検（交換） 　睡眠　検温 　おむつ点検（交換）	排泄（おむつ交換）	
10：00〜	・おやつ ・遊び ・おむつ交換 　検温	・おやつ ・遊び ・排泄（おむつ交換）	・おやつ ・遊び ・排泄
11：00〜	・昼食準備	・昼食準備	・昼食準備
12：00〜	・離乳食，授乳 　おむつ交換	・昼食 ・排泄・おむつ点検	・昼食　はみがき ・排泄・おむつ点検
13：00〜	・睡眠	・睡眠	・睡眠
14：00〜	・めざめ 　おむつ点検（交換） ・遊び	・めざめ ・おむつ点検（交換）	・めざめ ・排泄（おむつ交換）
15：00〜	・おやつ	・おやつ	・おやつ　はみがき
15：30〜	・授乳，検温，おむつ点検	・検温　排泄 　（おむつ交換）	
16：00〜	随時降園 　（随時個別視診） ・おむつ点検（交換） ・排泄　授乳等	随時降園 　（随時個別視診） ・おむつ点検・排泄	随時降園 　（随時個別視診）
17：00〜	・遊び	・遊び	・遊び
18：00〜	・延長保育 　おやつ	・延長保育 　おやつ	・延長保育 　おやつ
19：00	・降園（随時）	・降園（随時）	・降園（随時）

（著者作成）

5. 子ども一人一人の生活をデザイン（立案）する　71

2　生活デザインを計画に生かすためのポイント

計画は，子どもが園での生活を楽しみ，保育者も保育を楽しみながら進めるためのものである。「子どもの願いは」「保育者の願いと子どもの思いをすり合わせるには」「保育環境は」と考えながら，予想される生活のプランを立てていく。計画があるからこそ，子どもの願いや思い，要求をとらえ，その状況変化に応じることができるのである。計画がなければ，保育の方針や生活の見通しが立たず，成り行きにまかせたものなってしまうだろう。

乳児保育は，生涯における深い愛情の絆である愛着形成が最も重要である。その中で，それぞれの子どもの姿をよく見つめることから始め，豊かで楽しい生活を送るためにチームで話し合いを重ねながら計画の立案を進めなければならない。

計画は，「今，ここ」の子どもの生活のプランである。既成の指導計画を使用したり写したりせずに，園それぞれに，そのクラスそれぞれに立案し，日々の保育を振り返りながら，練り上げられていかなければならない。"見栄えよく立派な"計画ではなく，「全体的な計画」を基にした「今，ここ」の子どもの姿を見つめた計画を作成しよう。

（1）子どもの「やりたい」が実現できる環境づくり

①　0歳児

月齢や個人によって発達の差が大きく，一人一人が異なる生活リズムになっている。ここの生活リズムに対応できるように，スペースが確保できるならば，「食べる」「寝る」「遊ぶ」というように生活の領域を区分けして，子ども一人一人が居心地よく安心して過ごせる工夫をすることが望ましいだろう。また，0歳児は短期間にめざましい成長をとげることから，運動機能の発達だけでなく，視覚，聴覚，触覚などの感覚器官もめざましく発達することから遊びの環境を工夫することも忘れてはならない。

動きのあるおもちゃや音の出るおもちゃなど，すぐに子どもの手が届く場所において，身近なものに関心をもって五感を刺激することができるようにしたい。子どもの好奇心や探究心に働きかけるためにも，一つの遊び方に限定されず，子どもが自分で遊びを発見できるようにして，子どもの「やりたい」が湧き起るようなおもちゃを選ぶことも重要なポイントである。自然の素材やぬくもりという点から，木や布，なめても安全なものを選択したいものである。

また，室内だけでなくテラスなどにも刺激を受けられるような工夫が必要であろう。空を眺めて，風を感じて，雨音を聞いたり，お兄ちゃんお姉ちゃんの声が聞こえたりと，そこにいることで刺激が受けられることも考えるとよい。

②　1歳児

一人歩きができ，行動範囲が広がる1歳児の保育室は，探索活動が自由にできることが大切である。自分でやりたいと思えるように，体全体を使って遊ぶことができるようにおもちゃの大きさや重さ素材を考えて，子どもにやってみたいと思わせ，子どもの自発的な意欲や意識を高められる工夫をしたいものである。言葉や周囲の状況を理解し，少しずつ自我も芽生えるこの時期は，身近な人との関わりや旺盛な探索活動からやってみたい気持ちがふくらむ。事故も起こりやすくなるため安全管理にも注意を怠らないようにしたい。

また，この年齢の子どもはトイレトレーニングの大切な時期でもある。清潔を保ちながらトイレに行きやすいようにすることも重要な環境づくりの視点だろう。子どものトイレに対する戸惑いや抵抗をやわらげる工夫をして，安心してトイレに行けるようにしたいものである。

園の共有スペースで，異年齢の子どもとのふれあいも大切にしたい。異年齢との関わりを意識して，廊下などに絵本コーナーを作ったり，マットを敷いて体を使ったりして遊べるように工夫することも考えたい。保育室，廊下，園庭と自在に移動して遊び，好奇心や探究心を満たしていきたい。

③　2歳児

体力が付いて，歩くだけでなく，走ったりジャンプしたり，運動機能を発達させ，発揮するのが2歳児である。3歳未満児の保育室は，安全配慮もあり1階というのが定番であるが，自由に体を動かせるようになった2歳児にとって，階段というのは大変興味深く「2階には何があるんだろう」という好奇心や探究心がかき立てられる場所である。1階で生活しながらいろいろな人と出会い，声をかけてもらう生活をしながら，大人に見守られ，安全に留意しながら自分で階段を上って2階のお部屋に行く。ベランダから眺める園庭は，2歳児の子どもにどんな風に見えるだろうか。ゆったりできる自分の生活スペースを拠点に，自らいろいろな場所に行き，さまざまな「ヒトやモノ，コト」に出会うというメリハリのある生活を工夫していきたい。

ゆったりとした生活スペースでは，子どもがやりたいと思ったときにすぐ遊びが始められるよう，いろいろな遊びを準備しておくことが大切だろう。2歳児は，言葉が急激に増えて，「見立て遊び」や「ごっこ遊び」が始まる時期である。台所のシンクやコンロ，レンジなど家庭にあるような道具は，遊びの必需品になり，現実的な遊び方になってくる。ごっこ遊びができる場所には，お料理に使う野菜や果物，パスタなどを置き，日常の生活を再現した見立てができるようにしたい。想像力がかき立てられるように工夫するとともに，見立ての素材はフェルトや布，毛糸などでできた温かく，手触りのよい感触のものを選びたいものである。一人でじっくり遊ぶことも大切な時期であるため，落ち着いて遊べるようにしながらも「友だちといっしょが楽しい」ということも意識できるように保育者が仲立ちとなって遊ぶことも大切である。

（2）一人一人の個人差を大切にすること

発達の方向性や順序性に個人差はないが，発達の速度や現れ方には個人差がある。子ども一人一人の特性を理解して，その子どもに合った育て方をしていくことが大切である。同じ月に生まれても飲むミルクの量や排泄の感覚，睡眠時間や睡眠の仕方が違うことを考慮したい。個人計画が重視されるのはここにある。そのためにはまず，デイリープログラムが重要になるだろう。個々を大切に考えるということは，「子どもが自分なりの世界をもった存在であることを尊重すること」であることを忘れてはならない。個人のカリキュラムを立てるときは，保育者がどれだけその子どもの身になって考えることができるかが重要である。保育者が難しいと思う子どもや扱いにくいと感じる子どもほど，その子どもの心の動きに寄り添い理解することが大切である。

個々の子どもを理解するためには，保護者との信頼関係を築いていくことが重要である。保

護者との信頼関係の構築は，その子どもの情報を保護者から得ることができ，子どもの発達課題の達成を援助する方法について視野を広げることになるだろう。また，子どもの成長を保護者と共に喜び合い，保護者の養育力の向上につながる支援を進めることにもなるだろう。子ども一人一人の計画には，「家庭との連携」の項目を入れたいものである。

（3）養護を通して一人一人が大切にされていると感じる

人生の始まりの3年間である乳児保育，3歳未満児の保育は，「人との基本的信頼」を育むことが重要である。そのためにも，特定の保育者との継続的な関わりが重要なポイントである。柔軟な担当制保育を進めることで，子どもの欲求を適切に満たし，応答的に関わることを満たすことができる。特に0，1歳の保育は，生活の世話に費やす時間が多く，一人一人と向き合える大切なコミュニケーションの機会である。毎日同じやり方で，愛情を込めて丁寧に世話をすることで，子どもは自分の世話をしてくれる特定の保育者に親愛の情を抱く。自分が大切にされているという情緒の安定が図られ，自己肯定感が育まれるということになるのは言うまでもない。情緒の安定は，一人一人の子どもが周囲から主体として受け止められ，主体として育ち，自分を肯定する気持ちが育まれるということである。丁寧な養護によって，子どもは自分の存在の意味や価値を見出していくのである。保育の計画には，養護を中心に子ども一人一人が大切にされることについて記されることが重要であろう。

3 計画の実際

3歳未満児の保育は，発達の個人差が著しいため，「個別の指導計画」を作成することも必要である。集団の保育の中で個人差にどれだけ対応できるのかが，重要な課題となる。クラス運営のための指導計画には，主に「ねらい」「内容」「環境構成」「評価」が必要である。クラス全体を見渡して，月ごとに生活のプランを立て，そのプランを基にして，週の生活プランを立案する。それに加えて，子ども一人一人について具体的に記し，それら一つずつについて振り返りを行っていく。指導計画を立てるときには，特に以下のようなことに配慮しよう。

① 一人一人と向き合い，子どもの姿をしっかり見つめる。

② 個別の計画にも，家族の様子や家庭との連携について記す。

③ 特定の保育者との継続的な関わりを大切にした柔軟な担当制の保育を進め，応答的な保育が進められる。

④ 十分に養護の行き届いた環境をつくり，愛情豊かに「自分が大切にされている」と子どもが感じられるようにする。

⑤ 温かみのある家庭的な環境をつくる。

第6章　乳児保育における「指導計画」のデザインと実践展開〈0・1・2歳児保育を中心に〉

【0歳児　4月の指導計画】

ねらい
・保育者の温かい受容や触れ合いによって安心して過ごし，新しい環境に慣れる。 ・家庭と連携して個々の生活リズムを把握する。

保育の実践
・抱っこやおんぶで園の中を歩いたり，乳母車で散歩に出かけたりして外気に触れる。 ・興味や発達に合わせたおもちゃで遊ぶ。はいはい，お座り，つかまり立ち，歩行などする。 ・音の出るもの，なめても安全なもの，触れると動くもの，握れるもので遊ぶ。

評価の視点
・保育者の温かい受容や触れ合いについて ・安心して新しい環境に慣れること ・家庭との十分な連携と柔軟な対応について ・子ども一人一人の興味や発達に合わせた遊びについて

健康安全
・健康状態の観察を丁寧に行う。生活リズムを整える。 ・一人一人の健康状態（既往症・アレルギー・予防接種歴等）を把握して対応する。 ・保育室の安全・清潔に留意する。 ・睡眠中の観察を行う。

環境の工夫
・睡眠・食事・授乳・遊びのコーナー・おむつや着替え等のスペースを子どもの生活流れや保育者の動きに合わせて設営する。 ・遊びのコーナーには，子どもそれぞれの発達にあった遊びを準備する。

保育者等の連携
・一人一人の子どもの情報を共通理解する。 ・職員間がスムーズに動けるように役割を決めることで子ども一人一人の生活リズムを安定させる。 ・看護師や栄養士，その他の職員と連携する。

家庭との連携
・生活リズム・授乳の仕方などを聞き，一人一人にあわせる。 ・離乳食を家庭と一緒に進めていく。 ・日々の子どもの様子を伝え合い，保護者に安心してもらう。

4 保育を振り返る

　2017年改定の保育所保育指針では，保育の質の向上については，同時に改訂された幼稚園教育要領，幼保連携型認定こども園教育・保育要領とともに，保育の質の向上を図るための計画の改善について明記された。保育所における計画の改善の手順は，PDCA（計画⇒実践⇒評価⇒改善）サイクルで行われる。この計画の改善については，「保育の一連の取り組みにより，保育の質の向上が図られるよう，全職員が共通理解をもって取り組むことに留意すること」という一文も明記されている。特に乳児保育においては，成長・発達が著しい時期であることを念頭において，日々の子どもの姿を十分に受け止めながら保育を振り返ることが必要である。

個別の指導計画の例

	Aくん（4か月）	Bちゃん（10か月）
子どもの姿	＊哺乳瓶でミルクをしっかり飲むことができる。 ＊機嫌よく遊びながら，眠っていくことが多く，1時間〜2時間の周期で寝たり起きたりを繰り返している。 ＊機嫌のいいことが多く，保育者の顔をじっと見つめ，あやすと笑う。 ＊吊ってある玩具を引っ張って遊んだり，保育者が音の出る玩具を見せると触ろうとして手を伸ばす。 ＊喃語を頻繁に発し，保育者の姿を見ると喃語を出して訴える。	＊離乳食は順調に進んでいる。「刻み食」 ＊いすに座り落ち着いて食べ，食欲も旺盛である。離乳食の後のミルクもしっかり飲んでいる。 ＊母親と離れるときに少しぐずるが，保育者が傍にいると安心して遊び始める。 ＊お気に入りの人形があり，自分で取り入って保育者に見せに来る。 ＊睡眠はまだ安定せず，午前寝，午後寝がある。 ＊お座りをして過ごすことが多い。はいはいで移動して時々高ばいのような姿勢をする。 ＊歌や音楽に興味があり，保育者が音楽をかけると，にこにこしながら体を動かす。
ねらいと内容	●保育者，生活環境，生活時間等全般の新しい環境に慣れる。 ●特定の保育者とのふれあいの中で安心して過ごす。	●保育者，生活環境，生活時間等全般の新しい環境に慣れる。 ●特定の保育者とのふれあいの中で安心して過ごす。 ●好きなものを触ったりして好きな遊びが保育者と一緒にできるようにする。
保育者の配慮	◇穏やかに過ごすことが多いので，積極的に関わり，甘えや訴えを受け止めるようにする。 ◇特定の保育者が関わるようにし，愛着関係・信頼関係を築くようにする。 ◇握ったり，引っぱったりできる玩具を用意して遊べるようにする。 ◇ゆったりと，視線を合わせたり，話しかけたりしながら授乳できるように，スペースを用意して，安心して授乳できるようにする。 ◇子どもの生活リズムを把握して，生活リズムを整えるようにする。 ◇睡眠中の呼吸や様子をチェックする。 ◇保護者に保育所で楽しく過ごしている様子や心身の状況を細かく伝えて安心してもらうとともに信頼関係をつくっていくようにする。	◇新しい保育者に慣れず，不安を示すことが多いので，寄り添い，温かく丁寧に言葉をかけたり，スキンシップを図ったりする。 ◇好きな遊びを見つけて一緒に遊ぶことで信頼関係を築いていく。 ◇好きな遊びを把握して，いつでも遊べるように準備しておく。 ◇仮眠や睡眠を安心してできるように，静かな環境を整える。 ◇安心して食事や授乳ができるようにするために，保育者の膝にのせたり，ゆったりと声をかけたりする。 ◇保護者に保育所で楽しく過ごしている様子や心身の状況を細かく伝えて安心してもらうとともに信頼関係をとくっていくようにする。

（A保育所の計画を参考にして著者が作成）

6．家庭との連携

1 保護者との信頼関係

　一日の大半を保育所等で過ごす乳幼児は，家庭と保育所等での24時間の生活を，保育者と保護者が相互に伝え合って理解し合うことで，安心して生活することができる。保護者が「この先生なら安心」という保育者になることが，子どもの育ちを支える充実した保育につながることはいうまでもない。

　子どもの生活や遊びの様子，健康状態をきめ細かく伝えることが保護者の信頼を得るための重要なポイントであることはもちろんのこと，保護者の立場に立って状況を冷静に見つめ，批判することなく受容を，指導ではなく気付きをという心もちで，保護者の良き理解者になるこ

とが何より大切である。保護者からの情報や信頼関係は，保育の重要な手立てとなり，保育の充実につながることも忘れてはならない。

2 保護者と保育者をつなぐ「連絡帳」

連絡帳は，保護者と保育者をつなぐ架け橋である。一日の様子が詳細に記されている連絡帳は，育児の記録，保育の記録ともいえるだろう。子育ての悩み相談の場でもあるため，子どもの発達のことや子育てのことなど，いろいろな情報を保護者に伝えることで，保護者の視野を広げることにもつながることになる。保護者の子育ての悩みを軽減し，子育てについて学ぶことができることは，連絡帳を通して行う子育て支援といってもよいだろう。また，連絡帳のやりとりは子育てに役立つ情報や参考になる意見を収集する手立てにもなる。子育てに参考になる事項は，書いた保護者の承認のもと，クラスの保護者全員で共有することで，保護者同士のつながりも生まれることになり，子育ての輪をつくることにも役立つだろう。**表6－4**に連絡帳の例を示した。

【参考文献】
・今井和子：『育ちの理解と指導計画』，小学館（2017）
・川原佐公監修，古橋紗人子編著：『赤ちゃんから学ぶ「乳児保育」の実践力』，教育情報出版社（2012）
・増田まゆみ監修：『発達が見える！　0.1.2歳児の指導計画と保育資料第2版』，学研プラス（2018）
・宮里暁美：『子どもの「やりたい」が発揮される保育環境』，学研プラス（2018）
・厚生労働省：「保育所保育指針の改定に関する議論の取りまとめ」（2016）

6. 家庭との連携　77

表6−4　家庭と保育所を結ぶ連絡帳の例
●0歳児用：11か月児の例

4月25日（水曜日）				
時刻	前日・本日の生活	前日の夕食	本日の朝食	本日の昼食
19：00 20：00 21：00	夕食　遊び お風呂 睡眠 ↓	［略］	［略］	［略］
		本日：午前おやつ	本日：午後おやつ	本日：延長保育おやつ
		［略］	［略］	［略］
6：00 7：00 8：00 9：00 10：00 12：00 13：00 14：00 15：00 16：00 17：00 18：00	起床 朝食 登園　遊び おやつ　便（普通） 睡眠 昼食 遊び 睡眠 おやつ 遊び　便（普通） おやつ 降園	家庭での様子・連絡　　健康状態 良・不良（　　　） 　夕飯の支度をしている間は，姉がままごとで遊んでいるところへ行って，茶碗をもったり，なめたりしていましたが，ぐちゃぐちゃにするので，叱られていました。 　夕飯は，野菜うどんをガツガツ食べ，おいももバナナも手づかみで上手に食べました。お姉ちゃんに負けないくらい食欲旺盛。夜もぐっすり寝ました。		保育所での様子・連絡　　健康状態　良・不良（鼻水） 　よく声を出して遊び，玩具を口にもっていったり，床をたたいたりして音を出していました。お尻を上げてはいはいをし，止まって少し休んで，またはいはいであちこち動き回りました。 　（中略） 　昼食は，催促して食べさせてもらい，手づかみでも食べ，お腹がふくれるとご機嫌でした。

●1・2歳児用：2歳9か月児の例

		家　庭			保育所			
	前日の夕食	時刻　19：30	今日の朝食	時刻　7：10	おやつ 9：30	昼食 11：30	おやつ 14：30	おやつ 16：30
		［略］		［略］	普通	よく食べた	普通	よく食べた
3月15日（木曜日）	便	［略］			便	［略］		
	睡眠	［略］			睡眠	［略］		
	健康	［略］			健康	［略］		
	家庭での様子・連絡	ライオンやかいじゅうになり，「ガオ〜！」と言いながら，お兄ちゃんを追いかけていました。 　おしっこのトレーニングは，最近声をかけても「行かない」と言うことが多くなりました。無理しないでもいいのかな… 　お兄ちゃんと一緒にDVDを見る時，順番を守ろうとしなかったのですが，最近は「順番だよ」と言われると，守れるようになりました。成長です！！			保育所での様子・連絡	園では，トイレでできました。みんなと一緒なので，行けるんだと思います。「おしっこ，成功！」とほめられてニッコリでした。気分が向いた時にお兄ちゃんと一緒に行ってもいいですね。スッキリ感を大事にしたいですね。 　AちゃんやBくんとままごとでごちそうをつくって遊びました。Aちゃんに「アイスつくって」と言ったり，Bくんが「ハンバーグください」と言うと，「どうぞ」とあげたりして，やりとりを楽しんで遊んでいました。		

第6章　乳児保育における「指導計画」のデザインと実践展開〈0・1・2歳児保育を中心に〉

★ 考えてみよう，ディスカッションしてみよう ★

●実習やボランティアで，保育所や子育て支援センター等に行き，0・1・2歳児の子どもを実際に観察してみよう。観察した場面の子どもが発した言葉や表情，行動から子どもの行動の意味や気持ちを考えてみよう。

●0・1・2歳児の発達の特徴と，発達を考慮した遊びについて，調べたり話し合ったりしてまとめてみよう。また，発達を促す子どもへの援助について考えてみよう。

第7章 幼児保育における「指導計画」のデザインと実践展開〈3・4・5歳児保育を中心に〉

　幼児の保育，つまり3・4・5歳児の保育における指導のイメージをもつことを本章の目的とする。指導のイメージを具体化するための「指導計画」は，どのようにデザインされるのであろう。計画を実践に移すために事前に理解しておきたいこと，保育の実践をしながら行いたいこと，保育実践の後に行う省察のポイントについて考えながら進めていきたい。

1. 3・4・5歳児(3〜6歳)の発達の特徴を理解することから

　一般的に「幼児期」とされる3・4・5歳の子どもたちは，おおむねどのような発達のプロセスをたどるのであろうか。ここでは，各年齢の発達の特徴（表7−1）をまとめて，「指導計画」を立案していくことへの見通しをもちたい。

表7−1　3・4・5歳児の発達の特徴
●3歳児の発達の特徴

運動機能	・歩く，走る，跳ぶ，押す，引っ張る，投げる，転がる，ぶら下がる，またぐ，蹴るなどの基本的な動作ができるようになる。 ・さまざまな動作や運動を十分に経験することにより，自分の体の動きをコントロールしたり，自らの身体感覚を高めたりしていくようになる。
生活・遊び	・箸やスプーンを使って食べようとしたり，自分から排泄や衣服の着脱をしようとしたりする。 ・場を共有しながらも，それぞれが独立して遊ぶ「平行（並行）遊び」と呼ばれる遊びが多くみられる。時には遊具の取り合いや独り占めしたい気持ちなどから，けんかになることもある。 ・さまざまな遊びの繰り返しがさまざまな人や物への理解を深め，予想や期待，意図をもって行動するといった「社会性」を育むことにつながっていく。
言葉・人との関わり	・理解できる語彙数が増大し，日常生活での言葉のやりとりが不自由なくできるようになる。 ・言葉の獲得によって，知的な興味・関心が高まり，「なぜ」「どうして」といった質問をするようになる。このような質問や言葉によるやりとりを通して，言葉による表現が次第に豊かになっていく。 ・自分の気持ちを相手にぶつけながらも，受け止めてくれる存在に気付くと気持ちが安定し，分け合ったり，順番にしたりするなど，きまりを守ることの大切さがわかっていく。このような経験の繰り返しによって，相手の存在を認めるようになり，相手のイメージにも関心を寄せ，次第にそのイメージを受け入れることもできるようになっていく。

(次頁へつづく)

●4歳児の発達の特徴

運動機能	・バランスをとって遊ぶことが増え，スキップや縄跳びをする，走る，登る，すべるなど，巧みに体を動かし，遊びの中で繰り返すことが多くなる。 ・戸外で友だちや先生と一緒に体を動かして遊ぶ姿が多くみられるようになり，体を動かす心地よさと友だちと一緒に運動をすることの楽しさを体験する中で，さまざまな運動能力を身に付けていく。
生活・遊び	・虫や木の実，落ち葉，石ころなどを何かに見立てたり，たくさん集めたり，大事にしようとしたりする。 ・信頼を寄せ，あこがれを抱く身近な大人の言動や態度を遊びに取り入れ，遊びの内容が自分の生活に密着したものになる。 ・次第に友だちと一緒に簡単なルールのある遊びを楽しみ，了解を得ながら一緒に行動しようとする姿もみられる。 ・身近な環境に自分から関わり，自然現象やさまざまな生物の特性を知り，それらとの関わり方や遊び方を身に付けていく。
言葉・人との関わり	・具体的なイメージを相手に伝えることの楽しさを感じるようになり，友だちに自分のイメージを伝えたり，友だちの言うことを聞いたりして，言葉で伝え合うようになる。 ・一人一人が気に入った場所ですごすことや気の合う仲間との関係の中で安定することを求めて遊び，気の合う友だちとの遊びが続くようになる。 ・自分の気持ちを前面に押し出そうとする反面，常に自分の思ったとおりにはいかないという不安・悔しさ・悲しさ・辛さといった葛藤の経験をする。揺れ動く気持ちを周りの大人から共感され，励ましを受けることを繰り返す中で，自分の思いを表出したり，友だちの思いを受け入れて遊んだりすることを通して，折り合いをつけることやがまんをすることができるようになっていく。その葛藤は「発達の壁」と呼ばれ，このころから，自分の置かれた状況の中で葛藤しながら自問自答する自己内対話をするようになる。

●5歳児の発達の特徴

運動機能	・全力で走ったり，跳んだりすることに心地よさを感じるようになる。 ・一人一人の目標に向かって繰り返し試したり，工夫したり，挑戦したりする遊び（縄跳び，竹馬，一輪車，こま回しなど）に取り組む。
生活・遊び	・友だちと共通のイメージをもち，目的に向かって精いっぱい取り組むようになる。 ・年少児（3歳児）や年中児（4歳児）の世話をしたり，クラス内で決められた当番の仕事をしたり，周りの人の役に立つことを進んでしようとしたりする。 ・周りの人の役に立つことを進んでしようとするなど，年長児としての意識が行動に表れることが多くなる。 ・自分でできるようになったことに自信をもち，さらにいろいろなことをしてみようとして，可能性の広がりに喜びを感じていく。 ・遊びに，じっくり取り組んだり，競争したり，努力したりして，自分なりに満足できるようになると，喜んで繰り返し取り組むようになる。 ・一人一人の目標に向かって繰り返し試したり，工夫したり，挑戦したりする。
言葉・人との関わり	・気の合う友だちと新しい空間や気に入った遊びの場を見つけて一緒に遊び，友だちとの関わりが深まっていく。 ・友だちや保育者とすごす楽しさを十分に感じることができ，受け入れられている自分を実感し，安心して自己発揮をするようになる。しかし，自分の思いが受け入れられないことや友だちの思いと違うことに納得できないときには衝突が起こる。 ・自分の思いを相手にうまく伝えることができない葛藤を経験することを通して，自分なりに考えて判断したり，友だちの言い分を批判したりする力も生まれる。その問題や課題を自分たちで解決しようとするプロセスの中では，相手を許したり，譲ったり，我慢したり，自分とは違う思いや考えを認めたりするということもできるようになっていく。

(2008年告示保育所保育指針「第2章発達」を参照)

2. どのような活動で一日が構成されているのだろうか

　一日を構成する活動は、図7−1に示すように、生活としてつながっていることを意識したい。保育所・幼稚園等の保育内容は、時間割として分断されている小学校以降の教科とは違い、領域をまたいだり、領域を超えたりして総合的にとらえることが基本である。

1 一日の流れを知る

　一日の「流れ」という表現から、保育所や幼稚園等の生活が空気や水の「流れ」のように進んでいくことがわかるであろう。実際にどのような一日の流れをつくっているのか、保育所と幼稚園の例（図7−1）を示し、次ページの3つの活動場面の意義を考えてみたい。

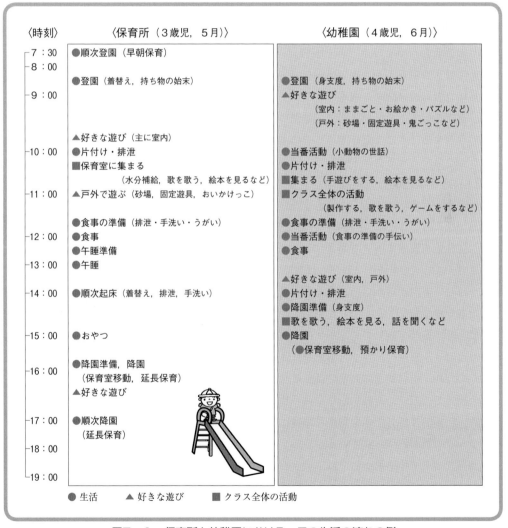

図7−1　保育所と幼稚園における一日の生活の流れの例

82　第7章　幼児保育における「指導計画」のデザインと実践展開〈3・4・5歳児保育を中心に〉

2 活動の意義を考える

(1)「生活」の場面

　図7−1では，「登園（着替え・身支度，持ち物の始末）」「片付け・排泄」「当番活動（小動物の世話，食事の準備の手伝い）」「食事の準備（排泄・手洗い・うがい）・食事」「降園準備・降園」である。

　①　養護的要素：これらの活動は，保育所・幼稚園等での保育における「養護」の要素を強くもつ。幼児期は基本的生活習慣の形成が大切な時期で，生活の流れの中の養護的要素を多く含む活動は重要である。例えば，登園の場面では朝のあいさつをしながら「視診をする」「健康状態を観察する」などの子ども理解が保育者の役割であるが，子どもの「おはようございます」の声や表情，体の動きなどで，「今朝は寝坊したのかな」「朝ごはんをゆっくり食べられなかったのかしら」「支度に時間がかかってお母さんに叱られたのかな」「元気な声!!　昨日お友だちとけんかをした後，仲直りできたんだ」など，体調と心の状態を図ることが養護的側面として意味をもつ。一人一人の様子から，その日の関わりの方向を決める。

　②　次の活動へつなげる：小学校のように時間割で区切られていないので，「片付け」はその後の「好きな遊び」や「クラス全体の活動」への仲介としての意義をもつ。「片付け」をしながら保育者は次の活動に期待をつなげ，気持ちと行動を向けていくようにする。

　③　自立を促す：食事や登園後・降園前の身支度の場面では，子どもが自分のこととして取り組もうとするように支えながら，その場面で見せる子どもの姿がその後の生活習慣の形成指導に影響をもたらすことを考慮して，時間をかけて指導し続けることが大切になる。

(2)「好きな遊び」の場面

　自ら選んで行う活動である「好きな遊び」は，図7−1の「戸外での好きな遊び：砂場・固定遊具・鬼ごっこなど」「室内での好きな遊び：ままごと・お絵かき・パズルなど」である。

　①　主体性を育む：好きな場所で好きなように遊ぶことが，「自分で，自分から」という主体性を育んでいく。「好きな遊び」は興味・関心をもって熱中できるものでもあり，保育者が育ってほしい方向からねらい・内容を考え，環境として提供するものも含まれる。どちらにしても，遊びや活動を子どもたちが自ら選んで行うことに意義がある。遊びが子どもの生活のすべてであり，遊びを通して発達や学びが促されるが，時期や時間，場の広さや人数，天候や気温などにより，事前の計画から予想される子どもたちの姿や経験してほしいことに違いが生じる。そのため，指導計画の立案には，これらを十分に考慮する必要がある。

　②　戸外での遊び：運動が幼児期の多様な動きや体力・運動能力の獲得に多大な影響を及ぼすため，積極的に戸外で体を動かして遊ぶ機会をもちたい。ちなみに，幼児期運動指針*では，次のような事柄が述べられている。

　　・幼児にとって体を動かして遊ぶ機会が減少することは，その後の児童期，青年期への運動やスポーツに親しむ資質や能力の育成の阻害になる。

　　・意欲や気力の減弱，対人関係などコミュニケーションをうまく構築できなくなり，心の発達にも重大な影響を及ぼすことになる。

・したがって，幼児が自発的に体を動かして遊ぶ機会を十分に保障することが重要である。意欲をもって，真剣に，熱中して取り組む，戸外でのどろんこ遊び・砂遊び・水遊び・虫探し・探検ごっこ・鬼ごっこなど，子どもたちが満足のいくまで取り入れたい。

③　室内での遊び：天候に大きく左右されずにじっくり，続けて楽しめることに意味がある。例えば，ままごとの内容が日々変化し，基点の場所が少しずつ広がったり，仲間が入れ替わったり増減したりして，他の遊びとの交流が始まることもあり，時間をかけて楽しむことができる。室内環境と関わりながら，子どもたちが自ら選ぶ遊びとしての意味が大きい。

表7－2（p.84）に，好きな遊びの場面の指導案（部分案）の例を示す。

（3）「クラス全体の活動」の場面

一般的に一斉活動，設定保育などと呼ばれる「クラス全体の活動」の場面は，図7－1の「集まる（手遊びをする，絵本を見るなど）」「製作する，歌を歌う，ゲームをするなど」である。

①　集団の中での育ち：保育の場では，保育者が一人一人の子どもに応じ，個を尊重して関わることが求められる一方，子どもが集団の中で育つことも重要視される。どちらも大事であるが，あちらを立てればこちらが立たずといった両義性が存在する。保育者は，クラス集団をみているときもクラス集団の中の個の育ちにも目を向けなければならない。

②　予想とのズレ：子どもとの関わり方が不安な実習生や新任保育者の場合，個と集団に同時に目を向けることは難しいかもしれないが，自分の得意なできそうなことから始めて，子どもたちとの関係づくりをしていけばよい。理想的ですばらしい指導計画も実践力が伴わなければ意味がない。しかし，子どもの貴重なその日，その時が二度と戻ってこないことを考えると，罪の意識をもつことも少なくなく，特に実習生や新任保育者は，あれこれ「しなければならない」ことへの気負いからうまくいかず，子どもたちの予想もつかない発言や行動などが次々に起こり，対処できないことへの自責の念にかられがちである。誰にも仕事に慣れない新任時代はある。得意なことやできそうなことが見つからなければ，失敗を恐れずに思い切って挑戦してみることも許されると信じて臨みたい。

③　バランスよく：全体的な計画・教育課程を基に立案し，発達を見通した保育者側の意図を盛り込んだ指導計画の占める割合が高い「クラス全体の活動」の場面は，日々，そして一日の中でもバランスよく取り入れ，子どもにとっての静と動のバランスも保ちたい。

クラス全体の活動として比較的取り上げられる頻度の高い「絵本を見る」活動における指導案（部分案）の例を表7－3（p.86）に示す。ここから「クラス全体の活動」の意義を考えてみたい。

---

*　幼児期運動指針：全国的に低迷する子どもの運動能力や体力の底上げを図るために，2012年3月に文部科学省が策定した。発達段階に応じた遊びの例などを盛り込み，毎日合計60分以上，体を動かすことを推奨している。2007年から3年間の全国21市町村での調査結果によると，「多くの友だちと活発に遊ぶ幼児ほど運動能力が高い」傾向を示している。幼児期における運動の意義に，①体力・運動能力の向上，②健康的な体の育成，③意欲的な心の育成，④社会適応力の発達，⑤認知的能力の発達，をあげている。

表7-2　好きな遊びの場面における指導案の例：部分案（3歳児クラス，25名，6月13日（火））

子どもの姿	・園生活の開始から2か月以上が過ぎ，自分のロッカーやタオルかけの場所がわかり，身の回りの持ち物の始末などがスムーズにできるようになっている。反面，遊び始めているクラスの友だちが気になって，登園後に着替えをして遊び始めるまで，時間がかかってしまうこともある。 ・遊びたいものがはっきりしていて落ち着いて遊ぶこともあるが，周りが少しずつ見え始めているためか，友だちの遊んでいるものに惹かれ，おもちゃや人形などを突然奪い合うこともある。 ・片付けの場面では，片付けずに遊び続けたり，ほかの場所に行こうとしたりする。遊びたい気持ちを受け止め，次の活動に期待がもてるようにしながら，生活の流れに区切りをつけることも知らせたい。

時間	子どもの活動	★環境構成と◇予想される子どもの活動
8：40	◎登園する ・あいさつ ・持ち物の始末 ・着替え	◇A男，B子は，母親の後ろに隠れたり，手を引いて一緒に保育室に入ろうとしたりする。 ◇登園途中で摘んだ草花やダンゴ虫，テントウムシなどを握りしめ，保育者に話をしながら渡す。 ◇「先生，これでいい？」と確認したり，「C君は，ここだよ」と友だちの場所も知らせたりする。 ◇友だちの遊んでいる様子をじっと見たり，声をかけたりして，着替えの手が止まる。
9：00	◎好きな遊びをする 〈室内〉 ・ブロック，積み木 ・ブロック，電車（プラレールの線路），車 ・ままごと　など 〈戸外〉 ・虫さがし ・砂遊び　など	★小さな花瓶や飼育ケース，それに代わる入れ物（空き容器）を用意しておく。　　★カラー帽子，お茶，コップ ［保育室 オルガン，机，ロッカー，材料・用具，出入口，ままごと，積み木・ブロック・電車・車など，出入口の配置図］ ◇友だちが使っているものを見て，取ろうとする。 ◇ままごとでは同じ役が重なる。 ★たらい2　ホース1　ござ1　バスタオル2　足ふきマット2　各自の着替　テラス ◇ダンゴ虫やテントウムシをさがす。 ★おわん，カップ，車，食べ物，魚など　［園庭 砂場］ ◇砂，泥，水の感触を味わっている。 ★砂場用おもちゃのお椀や車，食べ物，魚などを使って型抜きをする。 ◇水を使って遊び，水や泥で服が汚れてしまう。
10：00	○片付ける	◇まだ遊びたくて遊んでいたり，面倒だと感じて片付けずにいたりする。 ◇片付けやすかったり，先生と一緒だったりすれば，片付けようとする。

ねらい	・自分の使いたいものを見つけて遊んだり，遊びたいところで遊んだりする。
内容	・積み木，ブロック，電車や車，ままごとの食べ物や入れ物など，好きなものを使って，何かに見立てて遊ぶようにする。 ・砂場で型抜きをしたり，水を使ったりして，砂や泥の感触を味わうようにする。

保育者の援助・留意点	評価
・母親と離れがたいA男，B子には，落ち着くまでしばらく一緒にいてもらう。 ・草花やダンゴ虫，テントウムシなどを子どもの手のひらで動くのを一緒に見たり，受け取ったりしながら，どこでどのように捕まえたのかを話す様子を受け止める。 ・自分の場所にしまうことができる姿を見てほしくて，「先生，これでいい？」，と確認したり，「C君は，ここだよ」などと，友だちの場所も知らせたりする様子に，笑顔で応えて，安心できるようにする。 ・遊びたいものがあって着替えの手が止まっているときは，着替えをすることに気持ちが向くように誘い，納得できるまで時間を共有する。 ・登園時に捕まえて持ってきた虫や積んだ花を小さな花瓶や入れ物（空き容器）に入れたり，飾ったりして，興味をもってみることができるようにする。 ・ブロックで作ったものや長くつなげたものを自分なりに見立てて，先生や友だちに見せて，イメージを伝えようとする姿を受け止める。 ・プラレールの線路のつなげ方が思うようにいかないときは，どのようにしたいのかを見てわかろうとしながら，「これはどうかしら？」と線路を提示してみる。 ・友だちと同じものがほしくて，急に取り上げてしまい，トラブルになってしまったときは，使いたい気持ちを受け止めながらも，使っていた友だちの気持ちにも気付くように声をかけ，代用できるものや新たなイメージにつながるものを一緒に探す。 ・「D子，お母さん」「E子もお母さん」,「F子は，ワンちゃん」「ぼくがワンちゃん！」などと，役が重なっても楽しく遊んでいる姿を認め，それぞれに応答的な会話をする。 ・カラー帽子をかぶって戸外で遊ぶよう声をかけ，めくれていたり，ねじれたりしていたら，気持ちよくかぶれるようにする。 ・ダンゴムシを見つけて喜ぶ姿があれば，一緒に「まるむし」の歌を歌いながら，丸まったり，足がたくさん出てきたりするまるむしの様子を一緒に見るようにする。 ・花壇の花やプランターの花を摘んでいる場合は，摘んでもよい花と摘んではいけない花があることを知らせ，「もう少し，きれいに咲いててね って，毎日見に来ようね」と話す。 ・砂場用おもちゃのお椀や車，食べ物や魚などを使って，繰り返し型抜きをして，うまく型が抜けたときに歓声を上げていれば，「ほんとだ，きれいなたい焼き！おいしそう」などと，ともに喜ぶようにする。 ・砂，泥，水の感触を味わいながら，「ペタペタ」「とろとろ」「ジャー」などと，感じたままを言葉にしているときは，同じように擬音を繰り返して，同じ雰囲気を味わうようにする。 ・遊びが楽しくて片付けようとせず，片付けを面倒に感じてふらふらしている子どもには，「これで遊んでたね」と，遊んでいたものを手渡しして，砂場の用具は一緒に水洗いして片付けるようにする。	・A男は，虫に関心をもったことから，昨日よりも早い時間に保護者に帰ってもらうことができた。 ・自分から持ち物の始末をしようとするようになってきたC男は，友だちの声にも安心感を覚えていることが伝わった。 ・「これ！いっぱい咲いてたよ」「うちの近くにもそれ，咲いてる」と，通園途中の自然環境に関心を寄せて登園してくることがわかった。 ・見立て遊びの中で，一人一人とのイメージの共有を図りたいが，声がけをしても反応がないことがある。内なる世界のつぶやきが読み取れていないからか。 ・これで遊びたいという気持ちがはっきりしてきたせいか，今日も玩具を取合う場面があった。今の時期はほしいと思う玩具がふんだんにあったほうがよいのではないか。明日は，数や種類を増やそうと思う。 ・虫や草花を身近に感じられるよう手のひらに乗せたり，ケースに入れて見たりして，ゆったりした時間を楽しむことができた。 ・季節的にも水や砂，泥の感触は子どもたちにとって楽しさにつながるもののようだ。子どもの感じ方に寄り添うためには保育者自身の感じ方も心の余裕も必要な気がする。 ・泥や汚れることに抵抗を示すG男やH子には，片抜きやバケツに入れたり出したりの繰り返しを楽しめるように関わった。少しは，楽しむことに近づいた気がする。

第7章　幼児保育における「指導計画」のデザインと実践展開〈3・4・5歳児保育を中心に〉

表7−3　クラス全体の活動の場面における指導案の例：部分案（4歳児クラス，25名，10月21日（火））

<table>
<tr><td rowspan="4">子どもの姿</td><td colspan="2">・食後に，前日の降園前に読んでもらった絵本について話題にしている姿があり，「その本，次は私に貸してね」「それ，〜のところがびっくりするんだよね」などと，毎日絵本を読んでもらうことを楽しみにしている。興味をもった場面の言葉を言ってみたり，繰り返しの言葉を友だちと声を合わせて言おうとしたりして，絵本の中の言葉に対して興味を示している。</td></tr>
<tr><td colspan="2">・果物を食後のデザートにもってきて，「かき，一緒だ！」「このりんご，スッパイ！！」などと，季節の果物に関心をもって会話をしている姿もみられる。もうすぐ行く予定の動物園の遠足を楽しみにしていて，知っている動物の名前を言ったり，動物の特徴を言葉や動きで伝えたりしている場面もある。</td></tr>
<tr><td colspan="2">・気の合う2〜3人の友だちと好きな場所で好きな遊びをするときも，「絵本を買いに行く」「プレゼントは絵本」などと遊びや生活の中でも絵本が身近な存在である。</td></tr>
<tr><td colspan="2">・季節を感じながら，自分たちの興味や関心のある動物や果物が登場し，繰り返しの言葉がおもしろい絵本を見て，さらに言葉に関心をもってほしい。</td></tr>
<tr><td>時間</td><td>子どもの活動</td><td>☆環境構成　と　◇予想される子どもの活動</td></tr>
<tr><td>13:05</td><td>・集まって座る
・歌「どんぐりころころ」を歌う
◎絵本「どうぞのいす」を見る</td><td>☆ピアノを弾きながら，子どもたちの顔が見えるようにする。

　　　◇先生や友だちと口の動きや表情を見ながら歌う。

　　☆絵本「どうぞのいす」ひさかたチャイルド
　　ぶん：香山美子　絵：柿本幸造

☆保育者は園児用のいすに座り，子どもたちは降園支度を整えて，絵本が見える位置に座る。

◇うさぎさんが作ったしっぽのあるいすと立て札の文字に興味をもって見る。

◇ロバさんのドングリがクマさんのはちみつに代わってしまった場面では，とまどいを見せて「代わっちゃった！」「ロバさん，起きたらびっくりしないかなぁ…」などと，口々に言ったり，うなずいたり，顔を見合わせたりする。

◇「あれぇ，今度はパンになっちゃった！」「フランスパン，ふたつ！」「誰が食べるのかなぁ…」と，展開を楽しみに待つ。

☆「どうぞならば・・・」「・・・おきのどく」の繰り返しの言葉を子どもたちの顔をよく見ながら，一緒に声に出して言いたくなるように誘いかける。

◇周りの友だちと同じ場面を見て，同じ言葉を声にする心地よさを感じる。

☆最後は，ロバさんのドングリがクリになったことに安心できるように静かに読み終え，本を閉じる。

◇明日はどんな絵本を読んでもらえるのか，楽しみにしている。</td></tr>
<tr><td>13:15</td><td>・話を聞く</td><td></td></tr>
</table>

2. どのような活動で一日が構成されているのだろうか　　*87*

ねらい	・秋という季節を感じながら，登場する動物や果物に関心をもつ。 ・繰り返しの言葉に興味をもって，一緒に言おうとする。
内容	・秋の木の実のドングリやクリ，ロバ，クマ，リスなどの動物に親しみをもって，友だちと一緒に絵本を見る。 ・次の場面に期待をもちながら，「どうぞならば・・・」「・・・おきのどく」などの繰り返しの言葉を口にする。

保育者の援助・留意点	評価
・ドングリがころがったり，困ったり，あいさつしたりする場面をイメージしながら，ゆったりした気持ちで歌うことができるようにピアノを弾く。 ・子どもたちから絵本の表紙がよく見えるように位置取り，題名，作者等を読み，内容に期待がもてるようゆっくりページをめくる。 ・題名に興味をもって見るように立て札の「ど・う・ぞ・の・い・す」の文字をゆっくり読む。 ・登場する動物のキャラクターが伝わるような読み方，会話のテンポや間の取り方に留意する。 ・子どもたちの驚きの表情や疑問の言葉には，読み手も表情やまなざしで応え，絵本の「絵」からイメージを吸収するようにする。 ・登場している動物の気持ちになって見ている姿を受け止めて，絵本の文章以外は言葉にせず，うなずいたり，同意のまなざしを送ったりする。 ・子どもたちが次の場面に期待をもって見ることができるように，ページをめくるタイミングに気を付ける。 ・一緒に言いたくなるような「どうぞならば，いただきましょう」「空っぽにしてはあとの人におきのどく」の繰り返しの言葉を声に出そうと思うようにゆっくり読む。 ・友だちと同じ言葉を言うことに心地よさを感じていることに，視線を送って共感を示す。 ・日覚めたロバさんが「ドングリ」が「クリ」に代わったことに不満をもつわけでもなく，すんなり受け入れていることに「よかった」と感じるように笑顔で読み終える。	・今日はどんな絵本かを楽しみにできるように雰囲気づくりを大切にしたかった。昨年のドングリひろいの経験を思い出し，元気に歌っていた。 ・ウサギがいすを作る場面では，「大きい組さんが，トントンしてたのみたいだ！」と，年長組の木工遊びにも目を向けていることがわかり，よく見ていることがうれしかった。 ・それぞれの動物がイメージしやすいように，会話のテンポに留意した。 ・どんぐり，はちみつ，パン，クリに変化していくかごの中身を予想して，「やっぱり，そうだと思った」などの声や，互いに顔を見合わせている女見たちもいて，集中して見ていることがわかった。 ・保育者が好きな絵本は，子どもたちの顔を見ながら読める。読んでいても，通じている，感じていることが共有でき，保育者自身の達成感も感じられる。 ・子どもたちのほうを見ながら「どうぞならば」と言うと，「いただきましょう」と言い，「空っぽにしてはあとの人におきのどく」という声もだんだんと大きくなってきて，繰り返しの言葉を楽しんでいた。 ・「クリって，トゲトゲの中に入ってるんだよ」「見たことある！」とクリのいがに話題がとんだ。遠足で実際に見ることができるとよい。

3．保育者は，指導計画をどのようにデザインするのだろうか

　指導計画とは，全体的な計画・教育課程に基づき保育目標・保育方針や教育目標・教育方針を具体的に考え，年間，期，月，週，日，一日のある部分の保育実践を計画することである。

　それぞれ期間に長短はあるが，子どもの姿を理解し，育ってほしい方向として願いをもつことから始まる。その願いから，ねらい・内容を考え，環境を整えながら子どもの予想される姿を可能な限りイメージし，保育者としてどのような援助や配慮をするのかを考え合わせていくことが，指導計画のデザインである。それには，子どもの年齢や人数，季節や時期，時刻や時間の長さ，場所やその広さ，天候や気温に影響を受けることを考慮しなければならない。

■1 デザインのポイント

（1）子どもの姿，要求を理解する

目の前の子どもたちのどのような点を，子どもの姿としてとらえればよいのであろうか。

① 　まずは，子どものありのままの生活や遊び，活動時の様子を記す。その際，前述の子どもの年齢や人数，季節や時期，時刻や時間の長さ，場所やその広さ，天候や気温などをいくつか考え合わせる。

② 　次に，友だちとの関係や人との関わりからみた現状を加え，領域を総合的にとらえた今の発達の状況について記す。クラス全体の指導計画である場合，クラスの集団としての育ちの現状にもふれたい。

　これらを踏まえ，翌年，翌期，翌月，翌週，翌日の育ってほしい方向を見据えた願いを保育者自身の中で，あるいは，保育者同士で確認する。ここでも全体的な計画・教育課程の方針に基づくことはいうまでもない。

（2）ねらいをもつ

① 　保育目標・教育目標から具体的なねらいを設定することが重要である。保育に限らず，目的をもつことは課題等を明らかにし，評価への道筋を明確にするからである。

② 　そのためには，子どもの姿から願いをもち，ねらいにつなげていくことが望ましい。さらに，学年やクラスの具体的なねらいを，いつ，どの場面で達成できるように考えていくかという保育者の覚悟が必要となる。あくまでも，子どもの視座や子どもの立場に立ったねらいの立案を心がけたい。

（3）内容を構想する

① 　子どもがどのような経験や体験をすれば，設定したねらいが浸透し，身に付くのかを考える。保育者が子どもに経験してほしい，体験させたいと考えたねらいを達成するための方法について構想をめぐらすこともいえる。

② 　幼児期の子どもには，自分自身を肯定的に受け止めることができる体験をさせたい。それには，自己効力感を高める体験が適している。自己効力感とは，自分が周りに何らかの影響を及ぼしているという漠然とした実感をさす。自己効力感は，次への意欲につながる

活力となり，自己の中に能力的な自信を生む。自分自身を肯定的に受け止めることができる体験は，幼児期以降の人との関わりをつなぐものとなり，さらに自分から育とうとする意志を生み出す。

（4）環境を構成する

① 環境の要素として，物的環境，人的環境，自然・社会事象，空間的・時間的環境，雰囲気などあげられている。つまり，子どもの年齢や人数，季節や時期，時刻や時間の長さ，場所やその広さ，天候や気温などを考慮し，さらに，それらを整えたり，タイミングを図ったり，提供したり，片付けたりして，子どもの様子をみながら再構成する。保育者はこのような重要な役割を果たしている。

② 指導計画に書くということは，自分の保育をどうイメージしているのかを示すことになる。自分がわかり，誰が見てもわかるものにしておきたい。環境については，文章だけでは伝わりにくいため，図示することによって補う，あるいは図示したことを説明する文章を添えるなど，環境図と文章の併用をすることが望ましい。

（5）援助を工夫する

① 保育者が子どもの発達を援助するための配慮について書き記す。ねらい・内容を子どもたちが主体的に達成できるようにするための，保育者自身の工夫を具体的に示す。

② ねらいが達成しにくいものに終始しないように，子どもが本来もっているよさを認め，その子どもが願った方向に進んでいくためのプロセスを大事にした援助を可能な限り予想して書き留めておきたい。

2 月案，週案，日案の立て方と実際

月案（月間指導計画）の立て方を**表7-4**に，月案，週案（週間指導計画），日案（一日の指導計画）の実際についてそれぞれ事例をあげて示していく。

表7-4 月案の立て方の基本

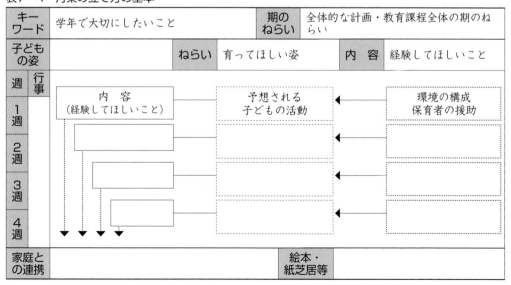

第7章　幼児保育における「指導計画」のデザインと実践展開〈3・4・5歳児保育を中心に〉

事例1：月　案

・対象：4歳児クラス

・期間：12月

[1] 子どもの姿

・周りにいる友だちの言動をよく見聞きしていて，友だちの得意なことや苦手なことが
わかるようになる。また，よいこと悪いことの判断も自分なりにできるようになり，
友だちや保育者に言えるようになる。

・生活の中で自分のできることは「ここはこうするんだよ」「やってあげようか」と友
だちに教えたり，自信をもってやってみようとしたりする。

・友だちと誘い合ったり，「ここからは出ちゃいけないことにしよう」「次は○○ちゃ
んね」などとルールや順番を決めたり，自分たちで遊びを進めていこうとする。しかし，
トラブルや困ったことがあると，自分たちで何とかしようとするものの，うまく解決
できず保育者を頼ってくることもある。

・クリスマスについて，街の雰囲気や年少児の経験から友だちと話をしたり，雰囲気を
感じたりして楽しみにしている。

[2] ねらい

○友だちの思いを受け止め，自分の思いを表現して，友だちとの関わりを楽しむ。

○素材をいろいろに使い，自分なりのイメージを実現しようとする。

○いろいろな行事を楽しみにし，自分から取り組もうとする。

[3] 内容，予想される子どもの活動，環境の構成，保育者の援助など

表7－5参照。

[4] 家庭との連携

・冬休みは家族でゆっくりと簡単なルールのある遊びを楽しめるように，カルタやトラ
ンプ，すごろくなどの簡単な遊び方を紹介する（降園時，保育参加時）。

・新年のあいさつを交わしたり抱負を話したりして，新たな気持ちで年を迎えるなど，
休み中に家族でたくさん話をする機会をつくってもらえるようにお願いする。

[5] 絵本・紙芝居等

・年末年始の行事に興味がもてるようなお話：「サンタクロースってほんとうにいる
の？」「お正月さん」「ばばばあちゃんのおおそうじ」

表7-5　月案における内容，予想される子どもの活動，環境の構成，保育者の援助の例

キーワード	友だちとともに遊ぶ楽しさを味わい，イメージを共有したり，友だちと自分の違いに気付いたりする。	6期のねらい	気の合う友だちと関わりをもちながら，自分なりの楽しみ方で遊ぶ。

週	行事	内　容	予想される子どもの活動	環境の構成　保育者の援助
1週	音楽発表会・避難訓練	◆友だちの思いをわかろうとしたり，自分のイメージを伝えたりする。	◎ごっこ遊び（サンタごっこ・おうちごっこ・お店屋さんごっこ・お姫様ごっこ） ◎お話ごっこ（ペープサート・カップシアターなど） ◎鬼遊び（ねことねずみ・おおかみとぶた） ◎ボール遊び（転がしドッジボール・投げっこ） ◎伝承遊び（はないちもんめ・かごめかごめ）	友だちとイメージを重ね合わせて遊ぶ楽しさを味わえるように ・保育者が積極的に共感したり，認めたりしながら，子どもの話を聞くことで，保育者や友だちに「話したい」「伝えたい」と思える雰囲気をつくる。 ・相手の思いに気付いたり，受け入れたりできるように，保育者が「なるほどね」「それ，いいね」と話を聞く姿勢を示す。 ・子どもからの考えがたくさん出てきた場合には，「どれからつくっていこうか」「まず○○からやってみようか」と互いの思いをつなげたり，一緒に考えたり，整理したりしていく。
2週		◆自分のイメージに合う素材を選んだり，周りの友だちの姿に刺激を受けたりして製作をする。	◎クリスマスの飾りをつくる（ステンドグラス・サンタクロース・ブーツなど） ◎遊びに必要な物をつくる（クリスマスプレゼント・人形の家・衣装・アクセサリーなど） ◎コリント遊び・糸引きゴマ・なわとび	自分のしたいことに，夢中になって取り組めるように ・思わずつくってみたくなるような素材（キラキラした物・色の美しい物など）を用意したり，場や雰囲気をつくったりする。 ・材料をあれこれ選んでいる姿や，友だちから刺激を受けてその子なりにこだわってつくっている姿を認めていく。 ・保育者が「これ○○に合うかな」などと言葉に出しながら，考える姿をみせていく。
3週	お楽しみ会	◆みんなと一緒に"楽しい"気持ちを味わい，それを言葉や動きで表す。	◎歌ったり，楽器を打ったりする（カスタネット・トライアングル・鈴・タンブリン）。 ◎踊りを踊る（キンダーポルカ・ジングルベル）。	みんなと一緒にわくわくする気持ちを楽しめるように ・廊下や保育室にクリスマスの飾りを飾ったり，音楽を流したりして，クリスマスへの夢がふくらむようにする。また，保育者自身もテレビや街の様子などに目を向け，話題にしたり，歌ったり，作ったりして表現してみせる。 ・保育者も子どもと同じように楽しみ，「サンタさんお空からみているかな」「サンタさん今何しているかな」と言葉に出したり，わくわくした気持ちを動作で表したりして夢をふくらませていく。
4週	大掃除・終業式	◆生活に必要なことを自分でしようとする。	◎手洗い・うがいをする。 ◎防寒着の調整をする。 ◎自分たちの使った遊具や道具をきれいにしたり，整理したりする。	自分のすることがわかり，進んで取り組めるように ・どんなところが汚れているか，自分たちのできることは何かをみんなで話しながら，自分たちでできることを見つけていけるようにする。 ・「気持ちよくお正月が迎えられるね」「お母さんがやってくれたみたいにピカピカになったね」などと言葉をかけ，「きれいになった」「自分たちでもできた」という実感がもてるようにする。

事例2：週　案

・対象：5歳児クラス

・期間：11月12〜16日

[1] 子どもの姿（前週の姿からの願い）

・カフェ屋さんとお化け屋敷ごっこでは，自分の思いや考えを実現しようとして，仲間の一員としてともに遊びを進めていこうとするようになってきた。しかし，遊びに参加する人数が増えてくると，互いの気持ちが伝わりにくくなって遊びの進め方がはっきりしなくなり，分散してしまう傾向もある。自分のしていることを言葉で伝えたり，相手のしていることを知ろうとしたりして，相互に受け入れ合うことによって，共通のイメージをもって遊んでほしい。

・戸外での好きな遊びに熱中する人数が増え，ドッジボールや鬼ごっこ，サッカーに集中して遊ぶ時間が長くなってきている。ともに遊ぶ喜びを感じ合っている姿がみられる反面，自分の思いどおりにならないと遊びから抜けたり，怒って涙を流したりする姿もみられる。保育者が遊びの楽しさに共感しながら子ども同士の気持ちのやりとりを仲介し，力を合わせる喜びを感じ合うことができる雰囲気づくりをしていきたい。

・10月中旬の運動会の経験から，引き続き友だちと一緒にがんばることの喜びや達成感を味わおうとしていることが感じられる。一緒に遊ぶ気の合う友だち同士で刺激を受け合い，コツを教えたり，応援したり，励ましたりして，互いのよさを認め合うようになってきた。そのような関係の中でそれぞれの目標に向かって意欲をもって取り組んでほしい。

[2] 今週のねらい

○友だちと考えを出し合ったり，受け入れ合ったりしながら，遊びを進める楽しさを味わう。

○友だちと一緒に体を動かして遊ぶ中で，自分の力を十分に発揮し，友だちと力を合わせることの楽しさを味わう。

○友だちと刺激し合いながら，自分なりの目的に進んで取り組む。

[3] 内容，予想される子どもの活動，環境の構成，保育者の援助

表7−6参照。

[4] 歌・絵本・楽器・ゲーム（略）

3．保育者は，指導計画をどのようにデザインするのだろうか　93

表7−6　週案における内容，予想される子どもの活動，環境の構成，保育者の援助の例

	予　定	予想される子どもの活動（◎）／環境の構成（☆）／保育者の援助（★）	
12日（月）		内容：自分たちの遊びに必要なものを準備したり，友だちと役割を分担したりして，イメージを共有しながら遊ぶ。 ◎友だちとの会話を楽しみながら，自分のなりたい役になって，カフェ屋さんで売るデザートやお化けのグッズなど，遊びに必要だと思うものを作ろうとする。 ◎「○○時になったらオープンしよう」「ぼくがここで驚かすってことね」と，友だちと相談したり，役割を分担したりして，遊びを進めようとする。 ☆自分たちの目的やイメージに合ったものを工夫したり，試したりしながら作っていくために，材料や用具を扱いやすいように分類しておく。 　材料：布，モール，ビーズ，毛糸，クレープ紙，お花紙，蛍光紙，発泡スチロール球，シャインテープなど 　用具：一穴パンチ ★一人一人の動きを認める言葉がけをしたり，アイディアを伝えることができる場面を作ったりして，友だちの思いや考えに気付くようにする。それぞれの役割があるからこそ，遊びが楽しくなったり，もっと遊びたくなったりすることが感じられるようにする。	内容：友だちとドッジボールや鬼ごっこ，サッカーなどをする中で，競い合い，協力し合って，遊ぶことを楽しむ。 ◎自分なりの目的（当てる，最後まで逃げる，得点する，など）をもち，チームの一員であることを意識して，アドバイスをしたり，作戦を考えたり，応援したりする。 ☆自分たちでコートや陣地を描いて準備ができるように，ラインカーや三角コーン，鬼ごっこに必要なものなどを用意しておく。 ★保育者も一緒に遊びながら，目的を言葉にし，「今，ミラクルボールだったね」「○○ちゃん，なかなか当たらない，逃げ逃げ名人だね」などと認める言葉を伝えることで，「次もがんばる!!」「今度はこうしたい！」と感じられるようにする。 ★チームが得点したり，勝ったりするためには，一人一人のがんばりが大切なことを知らせ，仲間との一体感を味わうことができるように声をかけ合ったり，応援し合ったりする姿を認めていく。 ★ボールに当たったり，鬼に捕まったりしてくやしい思いをしている場合は，「外野から当てたらまだ戻れるよ」「友だちが助けに来てくれるといいね」など，期待をもって励まし合うことで，気持ちを切り替え，次もがんばるようにしていく。
13日（火）	11：35 降園		
14日（水）	11：35 降園		生活習慣：手洗い・うがい ★手の洗い方やうがいの仕方がおろそかにならないように，傍に立って様子を見守ったり，声をかけたりする。
15日（木）	公開研究保育 11：10 降園	◎カフェ屋さん，お化け屋敷ごっこは，人数が増えることで遊びのイメージや進め方が伝わりにくく，遊びが停滞する。 ☆保育室：カフェ屋さんごっこ 　・遊びに応じてスペースを確保できるようにする。 　・机のシートやはさみ，ペン，テープカッターなどは，自分たちで棚やワゴンから準備・片付けができるようにする。 ☆遊戯室：お化け屋敷ごっこ 　・大積み木，ゲームボックスで作ったトンネル，段ボール板の壁や家，じゅうたんなど，自分たちで場を作り，整えられるようにする。 　・使用予定のブラックライトは，危険がないように慎重に扱う。 ☆砂場：パーティごっこ 　・砂場の遊具以外のビールケースやざら板なども，必要に応じて使うことができるようにしておく。 ★保育者も仲間として遊びながら，「～はどうなっているのかなぁ？」「△△ってことだよね」と確認したり，イメージや遊びの進め方が共有できるようにタイミングよく言葉をかけたりする。 ★思いがぶつかってトラブルになったときには，それぞれの思いを受け止めて整理する。	
16日（金）	観劇会		

（紙面の都合上，一部省略した）

94 第7章　幼児保育における「指導計画」のデザインと実践展開〈3・4・5歳児保育を中心に〉

事例3：日　案

・対象：5歳児クラス（男児 16名，女児 17名）

・日にち：9月14日

[1] 子どもの姿

・運動会を前に，元気にかけっこをする姿が毎日みられる（男児8名，女児5名）。

・戸外では，砂遊び，ケーキつくり，登り棒，鉄棒などの固定遊具を使った遊びや鬼ごっこなど，室内では，おうちごっこ，ショーごっこ，お絵かき，折り紙，空き箱製作などを，それぞれが選んで遊んでいる。遊びが広がり始めると，場所の取り合いになってトラブルが生じることがある。

・特に男女の遊びが分かれるようになると，互いの気持ちをはっきり伝えることができず，相手の気持ちにも気付かず，険悪な雰囲気になりがちである。

・不快な気持ちを言葉に表してはいるが，きちんと伝えられず，悪口の言い合いに終わっている。必要な言葉のやりとりは乏しいが，夏休みが明けて2週間が経過し，少しずつ園生活への落ち着きを取り戻し，相手の気持ちに気付き始める姿がある。

・好きな遊びの時間が長い保育形態としているが，クラス全体での活動を取り入れて，互いの理解につなげる。また，自分の思いを自分の言葉で伝えたい。

[2] ねらい

○クラスのみんなと一緒に，ゲームを楽しみながら，必要な会話を交わして，よく見て動こうとする。

[3] 内　容

◆ゲーム「なんでもバスケット」の楽しみ方がわかり，考えたことを自分の言葉で伝えるようにする。

◆ゲームで鬼になった友だちの言葉をよく聞いてから，空いているいすを見つけ，素早い動きを楽しむようにする。

[4] 環境の構成，予想される子どもの活動，保育者の援助

表7-7参照。

表7-7　日案における環境の構成，予想される子どもの活動，保育者の援助の例

時刻	内　容	環境の構成（☆）／ 予想される子どもの活動（◎）	保育者の援助・留意点
10：30	ゲーム「なんでもバスケット」をする ・話を聞く	◎「今日はどんなゲームをするの？」「いす取りゲーム？」「フルーツバスケット？」と，楽しみにしている。	★今日のゲームのポイントを伝え，「やってみたい」「わかった，いす丸くする？」などの子どもの声を聞いて，みんなで準備をしようとする気持ちにしていく。
10：33	・準備をする	☆いすの持ち方や数を確認し，危険な運び方をしないようにする。 ◎いすを円形に並べるが，うまく輪の中に入れず困っている。	★仲間に入れようとしている場面では，「ありがとう，Aちゃん」「Bちゃん，よかったね」などと，互いの気持ちを確認するような言葉がけをする。
10：40	・ゲームを始める	◎考えた言葉を言うタイミングがつかめず，ざわざわして，みんなに声が伝わらない。 ◎円の中央に立つと言葉が出ず，黙っている時間が長くなってしまう。 ◎真ん中に残りたくなくて，一生懸命ゲームに参加する。	★全員でひざを打ちながら，「なんでもバスケット」と，声に出す間に，鬼になった子どもが考えた言葉を言うことができるようにする。 ★鬼になり，戸惑っている子どもがいれば一緒に応援し，「もう少し待ってみる？」などと話し，雰囲気を盛り上げていく。 ★常に素早い動きで楽しんでいる子どもたちには，「Cちゃん，空いたいすを見つけるのが早いね！」「D君たち，全然鬼にならないものね！」などと，素早い動きを楽しんでいることを認める。
		(保育室) トイレ ロッカー 水道 ピアノ ☆いす33脚 出入口	
		◎真ん中に残りたくて，わざと座ろうとしない。	★何度も鬼になりたくて中央に残ってしまうことが多い子どもには，みんなが動いているときに「Eちゃん，あそこのいすが空いているよ。はやく，はやく！」「ここ，ここ！」などと声をかけ，素早い動きや，みんなでゲームをすることを楽しむようにしていく。
		◎自分の考えを自分の言葉ではっきり伝えることができる。	★「Fちゃんの声，よく聞こえたね」「とってもおもしろいことが言えたね。よく考えたよ!!」などと，考えたことを自分の言葉で伝えていることを大いに認める。
		◎動くときに隣の席に動いてばかりの子どもがいて，問題になる。 ☆新たにできたルールについて，クラス全体に確認する。	★「G君は，ちっとも座ろうとしないで真ん中に残るのが〇〇回目だ！」など，いつも隣の席にしか動かない子どもには，どうしたらよいのか考え合って，新たにルールを作っていくようにする。
11：00	・ゲームを終える		★今日の様子から，会話をしながら動くことを十分に楽しんでいたことにふれ，困ったことについて話題にし，次回のゲームを心待ちにするようにする。

4. 保育実践につなげるための保育者の視点

　保育実践をするようになるまで，保育の専門性についてさまざまなことを学び重ねていく。養成校に通い，資格や免許状を取得しようとする段階でははっきりみえていないかもしれないが，自分自身が育てられた幼いころの保育方法に全くとらわれていないということは，皆無であろう。その時期に，ある程度保育への考え方の履歴が備わっているといっても過言ではない。

　しかし，保育者をめざして専門職として学びを進める中では，自分がどこをどのように吸収し，自分なりにどのような考えに留めるかに関わってくる。いわゆる保育観の基礎がそこで確立されていくことになる。さらに，実習生の段階から，新任保育者，中堅保育者，主任保育者，園長とステージが上がっていく過程で，それぞれの置かれた環境と関わる人びとによって，保育者としての視点は異なった方向に進むかもしれない。あるいは，建学の精神の違いや保育目標・教育目標の理解の仕方によって異なった見解になっていくこともあろう。

　保育実践をする保育者の視点はどのように変化するのであろうか。あるいは，なぜ変化しないのであろうか。

1 保育を展開するとき

　保育は，基本的には，子どもの姿の把握，願いからねらい，内容の構想，環境の構成，保育者の援助や留意点を指導計画に盛り込み，実践に向かう視点をもつことで展開する。ねらいは，達成の覚悟をもち，実践の中で考えながら進め，その場の子どもにふさわしいものに再構成・再構築していく。その後の振り返りを次の指導計画立案に生かし，「計画→実践→評価→改善」のサイクル（PDCAサイクル）の繰り返しによって，子どもの生活が積み重なっていくことを理解したい。子どもたちとのやりとりや周囲の反応など，全体的な保育の雰囲気を自分自身で感じとる力を養いたい。

　保育の経験年数を重ねるにつれて保育実践力が向上している保育者の背後には，雰囲気づくりの基になる相手を理解する力，理解しようとする努力が存在する。すなわち，子ども理解，保護者理解，保育者間の理解が必ず保育実践の根底にある。相手（他者）を理解することは，経験年数の多少にかかわらず普遍的に必要な保育者の視点ということになろう。

2 保育の後の振り返り

　実践しながら感じたことや考えたこと，うまくいったことや失敗したと反省したこと，保育実践の前にしておけばよかったことや保育中にできたかもしれない配慮など，自分の保育実践について指導計画立案も含めて振り返ることが，次への手がかりや新たな意欲を生む。単に反省すればよいというわけではなく，記録をとることで自分なりの改善へのメッセージを次の指導計画に表明することが，保育者として専門性を高めていく大切な鍵となる（第9章参照）。

5．家庭・地域との連携

　全体的な計画・教育課程の範囲が，早朝保育・延長保育，預かり保育の時間帯，そして，食育や安全教育も含め，保育所・幼稚園・認定こども園に関わるすべての子どもたちや保護者，地域全体に及ぶとされている。そのため，地域にねざす保育所・幼稚園・認定こども園として家庭や地域と連携することは必然となる。

　幼児の豊かな生活体験獲得のために，地域の自然，人材，伝統や文化にふれる行事や，公共施設などの社会資源を積極的に活用することも連携活動に含め，指導計画に盛り込みたい。また，家庭との連携では，保護者との情報交換の機会や保護者と幼児が一緒に活動する機会を設けて，保護者が幼児期の教育や幼児の発達の道筋，幼児への関わり方への理解を深めていくように配慮することも大切である。

　さらに，幼児の保育における指導計画を保護者や地域に明示することは，保育を担う責任を果たす上で深い意味をもつ。

【参考文献】
・厚生労働省：『保育所保育指針解説』（2018）
・文部科学省：『幼稚園教育要領解説』（2018）
・内閣府・文部科学省・厚生労働省：『幼保連携型認定こども園教育・保育要領解説』（2018）
・小笠原圭・植田明編：『保育の計画と方法 第五版』，同文書院（2018）
・岡田正章・千羽喜代子ほか：『現代 保育用語辞典』，フレーベル館（1997）
・神長美津子：『3・4・5歳児のクラス運営』，ひかりのくに（2009）
・豊田和子編：『実践を創造する演習　保育内容総論 第2版』，みらい（2018）
・森上史朗・吉村真理子・後藤節美：『保育内容「人間関係」』，ミネルヴァ書房（2001）

【参考資料】
・愛知県幼児教育研究協議会研究報告書：『愛知の幼児教育　平成21・22年度報告』「子どもや社会の変化に対応した教育課程・保育課程―伝え合う力と規範意識の芽生えを培う体験を重視して―」（2011）
　　　・3歳児9月の指導計画の要点，p.33
　　　・4歳児12月の指導計画の具体例，p.35
・愛知教育大学附属幼稚園研究協議会資料：『11月12日（月）から11月16日（金）の5歳児しろ組週案』（2012）

98 第7章 幼児保育における「指導計画」のデザインと実践展開〈3・4・5歳児保育を中心に〉

★ 考えてみよう，ディスカッションしてみよう ★

●実際に部分案を作成し，「ねらい」立案の根拠がどこにあるのかを説明してみよう。

●同じ活動や遊びでも年齢や時期によって，経験してほしい「内容」に違いがある場合の例をあげて
みよう。

第8章 保幼小接続のカリキュラム

　子どもの育ちは連続しており，幼児が小学生になっても，違う人間になるわけではない。その意味で幼児期の教育と小学校教育は，カリキュラムの内容や制度など基本的な考え方は異なるが，となり合わせの関係ということができる。したがって，子どもたちの健やかな成長を願うとき，そうした見通しをもって指導を工夫することが大切である。本章では，幼児期の教育を，小学校教育との関連や連携という観点から考えていく。

1．保幼小連携の場合の「指導計画」の工夫（特色ある事例）

1 保幼小連携をめざすカリキュラムづくりの意義

（1）小学校生活への対応と適応

　小学校に入学したての子どもたちは，生活や環境の変化に戸惑い，すぐには適応することが難しい場合がある。小学1年生の教室では，学習に集中できない子どもがいて授業が成立しないなど，学級がうまく機能しない状況もみられる（小1プロブレム）。子ども一人一人の健全な育ちと，育ちの場である学級集団の望ましい形成のためにも，小学校生活への滑らかな移行・接続のあり方を考え，幼児期の教育を工夫することが大切になる。

（2）生活の連続性

　近年，少子化や核家族化など，子どもをめぐる環境は大きく変化してきている。また，家庭の教育力も低下しているといわれている。このような状況においては，これまで家庭が果たしていた子どもの教育の機能や役割について，保育所・幼稚園・幼保連携型認定こども園（以下，保育所・幼稚園等とする）が果たす役割と責任はますます高まっている。しかし，子どもの生活は，基本的に家庭を基盤として地域社会を通じて次第に広がるものである。

　したがって，小学生になることを見据えたとき，保育所・幼稚園等における生活が家庭や地域社会とつながりを保ちつつ展開され，さらに小学校教育に接続していくことを考慮する必要がある。その意味で保幼小連携は，子どもの生活のステージを，保育所・幼稚園等と小学校，家庭や地域社会との協力や連携によってつくり出し，子どもをともに育てていくことであると考えられる。

（3）発達と学びの連続性を踏まえた幼児期の教育

　子どもは，自分の周りのさまざまな環境との出会いを通して，興味や関心を広げ，疑問を抱き，解決しようと試みる。自分なりのやり方やペースで繰り返しいろいろなことを体験しては，その過程を楽しみ，友だちや保育者と関わっていく。

　このような生活の中にこそ幼児期の学びがあり，それが小学校以降の教育の基盤となる。小学校教育への接続を円滑で確かなものとするためには，保育者は小学校教育を先取りすることなく，幼児期にふさわしい遊びや生活が展開されるように援助を行うことが大切である。

（4）小学校教育への接続

1）保育所・幼稚園・幼保連携型認定こども園と小学校の違い

　保育所・幼稚園等と小学校では，生活，学習の内容や仕方，そして環境にさまざまな違いがある。保育者は，子どもたちが入学後に直面する生活の変化を理解し，日々の保育を工夫することが必要である。

　以下に，「一日の生活の流れの違い」と「生活場面や環境の変化」について整理する。

　①　一日の生活の流れの違い：保育所・幼稚園等の保育時間は，法的にはそれぞれ8時間，4時間程度（しかし，実際は11～12時間保育，6時間保育が多い）であり，その中に，自由遊びやクラスごとの活動（一斉保育など），給食や登降園の指導が含まれる（図8－1）。一方，小学校では，午前中は4時間（4校時）の学習活動があり，始業終業の合図（チャイム）がある。

　昼食は，小学校や保育所・認定こども園では通常給食が行われているが，幼稚園では弁当を持参する日があったり，午前保育で降園する日があったりする。また，保育所・幼稚園等では，

図8－1　保幼小における一日の生活の流れの違いの例

保護者による送迎やバス通園が多いが，小学校では学区に居住する場合，徒歩通学が多い。そして，小学校では児童が清掃を行うが，保育所・幼稚園等では保育者が環境整備として取り組むことが多い。

② **生活場面や環境の変化**：実際に子どもは，さまざまな生活の変化を経験すると考えられる。また，多くの子どもは，生まれて初めて経験した集団生活の場から離れ，一緒に生活したり，遊んだりした友だちと別れて小学校に入学する。保育者はそうした状況や心情の変化にも配慮することが必要であろう。次に，具体的な場面をあげる。

・保育所・幼稚園等では，朝，保育者が玄関や保育室で子どもを迎える。

・保育所・幼稚園等では，歌や手遊び，絵本や紙芝居などの読み聞かせが行われる。

・保育所・幼稚園等では，一人一脚の机ではなく，数人ごとのテーブルに着席している。

　　→小学校では黒板の方を向いて学習・生活することが多い。

・箸セットやハンカチ，ティッシュ，おたより帳などをバッグに入れて通園する。

　　→小学校では，時間割に応じた教科書やノートなどの持ち物を用意する。

・給食の用意は保育者が行うことが多い。

　　→小学校では，児童が交代で給食当番を行う。

・保育所・幼稚園等では，生活や遊びの中で学ぶことが多い。

　　→小学校では教科書やノート，筆記具を用い，時間割に沿った学習活動が多い。

・靴箱，トイレ，園庭・校庭等の大きさや高さ，広さが変わる。

2）一貫性のある教育の重要性

子ども一人一人が生活の変化に対応し，充実した生活と学習が展開されるように，保育者と小学校の教員は子どもの育ちを広い視野に立って見通し，一貫性のある保育や教育を計画する必要がある。

① **スタートカリキュラム―幼児期の育ちを踏まえる**

「小学校学習指導要領解説　総則編」（2017）では，幼児期の教育と小学校教育との関係と，幼児期の育ちを踏まえた指導を行うためのスタートカリキュラムについて次のように述べている（第3章第2節　4学校段階等間の接続）。

> 小学校においては，幼児期の終わりまでに育ってほしい姿を踏まえた指導を工夫することにより児童が主体的に自己を発揮しながら学びに向かい，幼児期の教育を通して育まれた資質・能力を更に伸ばしていくことができるようにすることが重要である。

> 小学校の入学当初においては，幼児期の遊びを通じた総合的な指導を通じて育まれてきたことが，各教科等における学習に円滑に接続されるよう，スタートカリキュラムを児童や学校，地域の実情を踏まえて編成し，その中で，生活科を中心に，合科的・関連的な指導や弾力的な時間割の編成など，指導の工夫や指導計画の作成を行うことが求められる。

スタートカリキュラムは，次のような幼児期の教育と小学校教育との違いを踏まえて編成される。保育者はこれらを理解して接続期の保育のあり方を工夫する必要がある。

《幼児期…学びの芽生え》	《児童期…自覚的な学び》
○楽しいことや好きなことに集中することを通して，さまざまなことを学んでいく。 ○遊びを中心として，頭も心も体も動かしてさまざまな対象と直接関わりながら，総合的に学んでいく。 ○日常生活の中で，さまざまな言葉や非言語によるコミュニケーションによって他者と関わり合う。 《幼児教育》 ●5領域（健康，人間関係，環境，言葉，表現）を総合的に学んでいく教育課程等 ●子どもの生活リズムに合わせた一日の流れ ●身の回りの「人・もの・こと」が教材 ●総合的に学んでいくために工夫された環境の構成　など	○学ぶことについての意識があり，集中する時間とそうでない時間（休憩の時間等）の区別が付き，自分の課題の解決に向けて，計画的に学んでいく。 ○各教科等の学習内容について授業を通して学んでいく。 ○主に授業の中で，話したり聞いたり，読んだり書いたり，一緒に活動したりすることで他者と関わり合う。 《小学校教育》 ●各教科等の学習内容を系統的に学ぶ教育課程 ●時間割に沿った一日の流れ ●教科書が主たる教材 ●系統的に学ぶために工夫された学習環境　など

（文部科学省国立教育政策研究所教育課程研究センター：「スタートカリキュラム　スタートブック」2015を参考に作成）

② アプローチカリキュラム－小学校教育への接続をめざす

　いくつかの自治体では幼児期の教育を小学校教育に円滑に接続するために，スタートカリキュラムにつながるカリキュラム（アプローチカリキュラム）を編成している。アプローチカリキュラムは，小学校教育に適応するための準備や先取りをするものではなく，「幼児期の終わりまでに育ってほしい姿」を手がかりに子ども一人一人の育ちを確かめ，得意なところやさらに伸ばしたいところを見極め，修了までに育てることをめざすためのものである。

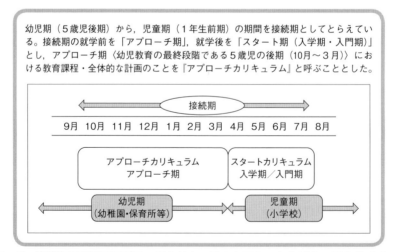

図8-2　接続期におけるアプローチカリキュラムとスタートカリキュラムのイメージ
（平成24・25年度　愛知県幼児教育研究協議会報告「アプローチカリキュラム編成の手引　理論編」『小学校教育を見通した幼児の教育を考える－接続期における教育課程・保育課程の編成に向けて－』2014を参考・一部改変）

3）「幼児教育において育みたい資質・能力」と「幼児期の終わりまでに育ってほしい姿」

　「幼稚園教育要領」「保育所保育指針」「幼保連携型認定こども園教育・保育要領」（2017年告示）では，幼児期の教育を通して一体的に育まれる資質・能力として「知識及び技能の基礎」，「思考力，判断力，表現力等の基礎」，「学びに向かう力，人間性等」が示されている。そしてその

具体的な姿として「幼児期の終わりまでに育ってほしい姿」が10項目（「健康な心と体」「自立心」「協同性」「道徳性・規範意識の芽生え」「社会生活との関わり」「思考力の芽生え」「自然との関わり・生命尊重」「数量・図形，文字等への関心・感覚」「言葉による伝え合い」「豊かな感性と表現」）示されている。そこで，保幼小連携では，「幼児期の終わりまでに育ってほしい姿」を手がかりに，保育者と小学校教員とが接続期の子どもの姿や保育，教育，成長を共有することを通して，幼児期から児童期への発達の流れを理解し接続期の指導を工夫することが大切である。

　以下では，２つの事例（A幼稚園）を「幼児期の終わりまでに育ってほしい姿」とそれらに向けて日々取り組まれている保育の「ねらい及び内容」を手がかりにみていくことで，接続期の子どもの姿と保育の意味について考えたい。

　①　「幼児期の終わりまでに育ってほしい姿」を手がかりにする

　日々の保育の中には子どもが関心をもち，知りたい，やってみたいと思うことが数多くある。保育者は，子どもの関心や思いを理解し，実際に取り組むための機会と援助を与え，必要に応じて保護者と共有して取り組むことが大切になる。

事例1：「とけいのよみかた，しっているよ」－数量や図形，標識や文字などへの関心・感覚[*1]－

> 　保育者は子どもが見通しをもって生活するように，年少，年中の頃から，時計を見て行動することを声がけしていた。時間を知らせるときには，「長い針が6になったら，片付けの時間ですよ」「長い針が9になったらごちそうさまをします」などと声をかけ，子どもたちは，だんだん時計を見て行動するようになってきた。
> 　年長の後半になると，「長い針が6は，30分って読むんでしょ」と話してくる子どもがいた。他の子どもたちもこうしたことを繰り返し耳にし，また仲間や家族に教わるなどし，次第に時計の読み方がわかり，「先生，長い針が7じゃなくて，35分だよ」などと言うようになった。

　②　「ねらい及び内容」を手がかりにする

　「幼児期の終わりまでに育ってほしい姿」は，保育の「ねらい及び内容」に基づく活動全体を通して資質・能力が育まれている幼児の修了時の具体的な姿である。つまり，日々の5歳児ならではの活動における「ねらい及び内容」に示された姿を，「育ってほしい姿」に向かう姿としてみていくことができるのである。

　ここでは，「お泊り保育」（7月下旬）での子どもの様子を，「人間関係」と「健康」の「ねらい及び内容」[*2]を手がかりにみていく。

---

*1　遊びや生活の中で，数量や図形，標識や文字などに親しむ体験を重ねたり，標識や文字の役割に気付いたりし，自らの必要感に基づきこれらを活用し，興味や関心，感覚をもつようになる。

*2　「人間関係：身近な人と親しみ，関わりを深め，工夫したり，協力したりして一緒に活動する楽しさを味わい，愛情や信頼感をもつ。自分でできることは自分でする。」

　「健康：身の回りを清潔にし，衣服の着脱，食事，排泄などの生活に必要な活動を自分でする。」

事例2：「お泊まり保育」－「人間関係」「健康」から－

> 当日子どもたちは，食事，キャンプファイヤー，体操のいずれかの係を担当し，胸に付けてもらった係のバッジを誇らしげに見せ合っていた。チームごとの活動でも仲間と相談し，「先生，これやろうよ」と気を働かせ，率先して取り組む姿がたくさんみられた。責任感や意欲，工夫，助け合う気持ちが発揮され，達成感を得た機会だった。
>
>
>
> 遊戯室に全員が集まって夕食を食べる前のこと。各グループの食事係の子どもが仲間のコップやはしセット，ランチマットなどを並べました。名前を確かめ，位置，向き，間隔に気を付けながら置き，少し離れて忘れ物や間違いがないかを確認していました。丁寧に，責任を果たそうとする姿がみられました。
>
> 普段，園生活で布団を何枚も敷くことはありませんが，子どもたちは仲間と協力し，声をかけ合ってきれいに敷いていました。水道から離したり，通り道を確保したりと工夫します。みんなが使う布団だから「踏まないようにね」と，注意し合う姿がみられました。
>
>

4）保育者と小学校教員の交流

　保育者と小学校教員が，各々の教育の違いを踏まえて，子どもの実態，教育内容や指導方法について理解を深めるために，情報交換や研修を行うことが考えられる。そこでは，保育者と教員が実際に顔を合わせて，互いの教育観や実践，子どもへの思いを理解し合い，どのように子どもの育ちを見通し，協力して育てていくのかを語り合うことができると考えられる。

　この交流について，以下に，「子どもの情報の引き継ぎ」「教員の保育所・幼稚園等見学・参加（保育者の小学校見学・参加）」「共同研究への取り組み」から考えてみる。

　① 　子どもの情報の引き継ぎ：S市内の小学校では，新1年生が入学を控えた時期に，「幼保小連絡会」を設けている。これは，保育者が子どもの入学予定先である小学校を訪れ，子どもたちについての情報交換を行う会である。このとき，小学校教員は各保育所・幼稚園等の様子や，個別に配慮が必要な子どもに対する有効な支援や援助のあり方など，入学後の指導に生かす情報を収集している。この連絡会に対する保育者の思いを基に，保育を行うにあたって留意すべきことを**表8−1**に整理する。

　表8−1の下線部から，保育者は，「連絡会」の意義や必要性を十分認めつつ，さらに**表8−2**のように考えていることがわかる。そして，これらを実際に行うために，保育所・幼稚園等で留意し，日々取り組むべきことが考えられる。

　② 　教員の保育所・幼稚園等見学・参加（教員と幼児の交流）：小学校教員が，校内研修の一

1. 保幼小連携の場合の「指導計画」の工夫（特色ある事例）　**105**

表8-1　幼保小連絡会に対する保育所・幼稚園の思い

保育所の思い	幼稚園の思い
・保育所にとっても，子どもたちが小学校生活をスムーズにスタートするために，この連絡会が重要であると考える。 ・連絡会での伝達内容が，新1年担任に伝わっていないと感じられることがあるので，確実に伝わるようにしてほしい。 ・連絡会では保育所での子どもに対する配慮を具体的に伝え，小学校で参考となるように心がけている。	・幼保小の連絡会は，ほかに子どもの実態を伝える場がなく，とても重要である。 ・個別に伝える必要のあるケースについては，4月以降担任決定後に，再度連絡会をもってほしい。それは，子どもに対する，よりきめ細かい支援につながると思う。 ・連絡会だけではなく，互いの現場を訪問し，顔が見える交流を行うことが大事である。

（三浦ゆう／仙台市教育委員会編：『「スタートカリキュラム」のすべて』，ぎょうせい，pp.50-51，2010を参考に作成）

表8-2　幼保小連絡会に対する保育者の思いと取り組むべきこと

連絡会に対する保育者の思い	保育所・幼稚園で取り組むべきこと
・入学後の担任は，引き継ぎ事項をしっかりと理解してほしい。 ・4月以降，改めて具体的な配慮事項を伝えたい。 ・互いの職場（保・幼・小）を訪問し，顔が見える交流を図りたい。	・引き継ぐ内容をしっかりと確かめて整理する。このときに，日々の保育内容・活動や子どもの姿を，小学校につながるものという視点で意味付けして伝える。 ・小学校入学後の子どもの成長を見通し，また見守ることができるような連携のあり方を提案する。特に配慮を要する子どもの指導の経緯と援助について整理する。 ・互いの職場を訪問する交流（連携活動）を計画的に進める。

環として保育所・幼稚園等の「自由遊び」（好きな活動を楽しむ時間など）や「クラス活動」（クラスでの仲間との活動や一斉活動など）を見学したり，保育を体験したりすることも，相互の理解を深める有効な取り組みと考えられる。**表8-3**は，実際に小学校教員が保育所での体験を通して気付いた事柄の一部である。

これらから，教員や保育者が保育所・幼稚園等や小学校における子どもの生活の実

表8-3　小学校教員が保育所見学で気付いた事柄

・小学校のように登校（登園）時間が決まっていない（幅がある）。
・登園後の自由時間の中で，保育者はあいさつをして健康観察（視診）を行う。
・保護者が送迎する（多くの保育所。幼稚園ではバス通園も多くある）。
・異学年交流が日常的に行われている。年長児が年下の世話をしている。
・生活環境，特にトイレなどの施設に小学校との違いがある。

（三浦ゆう／仙台市教育委員会編：『「スタートカリキュラム」のすべて』，ぎょうせい，pp.51-52，2010を参考に作成）

態や保育，教育について具体的に理解するためには，積極的に相互に訪問し，そこに身を置いてみることが必要であることがわかる。なお，この場合，「幼児期の終わりまでに育ってほしい姿」を踏まえ，特に以下のことについて理解するようにしたい。

・子どもや保護者との関わり方や，言葉がけ，指示，認め方・ほめ方

・保育・遊び，生活指導や援助におけるねらい

・これまでの取り組みと子どもの姿，今後の見通し（援助の計画）

③　共同研究への取り組み（交流活動を生かした取り組み）：保育所・幼稚園等と小学校とが，保幼小連携について「共同研究」を行うことで，子ども同士の交流や教員（保育者）と子どもの交流を行うことができる。次項に，S市のH小学校とA幼稚園の事例を紹介する。

2 事例から学ぼう

（1）「スタートカリキュラム」と幼小連携（「共同研究」・「交流活動」）

A幼稚園とH小学校の幼小交流活動は，H小学校の生活科の「スタートカリキュラムの実践」

●活動名とねらい（A幼稚園・H小学校）●　　　●1年生の姿●

〈 1. どうぞよろしく：5月中旬 〉

幼児
○1年生に学校を案内してもらったり，一緒に遊んだりする。

「お兄さんお姉さんは優しいかな」

1年生
○幼児と一緒に学校探検したり，ゲームをしたりして親しむ。

「名刺をわたして，お友だちをたくさんつくろう！」

初めての顔合わせで緊張し，幼児に対して話しかけることができなかったり，戸惑ったりした児童もいた。〈抜粋〉

〈 2. 天までとどけ七夕まつり：7月初旬 〉

幼児
○七夕飾りのつくり方を教えてもらったり，貝つなぎを1年生に教えたりする。

「1年生から七夕飾りを教えてもらう」

1年生
○七夕飾りの意味とつくり方を教えたり，幼児から貝つなぎのつくり方を教わったりする。

「七夕の七つの飾りを幼児に教えてあげよう！」

交流2回目ということもあり，自然に名前を呼び合ったり，「次は何をつくりたい？」と話しかけたりする児童が多くみられた。〈抜粋〉

〈 3. こころの郵便屋さん：9・10月 〉

幼児
○1年生に幼稚園でのでき事を手紙に書いてわたす。

「○○ちゃん，今ごろ何しているかな」

1年生
○幼児に学校でのでき事を手紙に書いてわたす。

「○○ちゃん元気かな。早く会いたいなあ」

長い夏休み後ということで，ペアの幼児のことを思いながらていねいな字で手紙を書いたり，今度会ったら一緒に遊びたいという思いや願いをもったりした。〈抜粋〉

〈 4. みんなで1・2・3：11月下旬 〉

幼児
○1年生といろいろな運動を楽しむ。

「こんな運動があるんだな。一緒にやると楽しいな」

1年生
○グループで，いろいろな運動を行い，体を動かす楽しさや気持ちよさを味わう。

「いろんな運動を教えてあげよう。一緒に体を動かすと楽しいな」

図8-3　幼小交流活動「はっぴーなかよし大作戦！」指導計画（総時数6時間）

1．保幼小連携の場合の「指導計画」の工夫（特色ある事例）

における「子ども同士の交流」として行われた。**図8－3**に，その指導計画を示す。

図8－3の〈3．こころの郵便屋さん：9・10月〉について，保育者は，子どもの姿と成長の様子を**表8－4**のように振り返っている。

〈5．あそびの天才あつまれ！：12月13日〉

幼児
○1年生がつくった「遊びコーナー」で一緒に遊ぶ。

「何をして遊ぼうかな。楽しみだな」

1年生
○自分たちがつくった「遊びコーナー」で幼児と一緒に遊ぶ。

「ぼくたちがつくった遊びで一緒に遊びたいな」

■目　標
・幼稚園（幼児）：小学生と一緒に楽しみながら遊ぶことができる。
・小学校（児童）：自分たちがつくった遊びで幼児と仲よく遊ぼうとする
　　　　　　　　（関心・意欲・態度）。
■環境の構成
　◎幼小共通：ペアになっている友だちがすぐわかるように，名前やグループの名前がわかる名札を用意しておく。
　○幼稚園：行動範囲が広がるので，教師は立ち位置を決め，随時人数を確認し，安全管理に努める。
　○小学校：どこで何をするかがわかるように，「遊びコーナー」の看板をつくったり，交流がスムーズに行えるように広い場所で活動する。

■保育者（幼稚園）の援助
・いろいろな遊びを通して，経験を重ねることができるよう，声がけをする。
・小学生と一緒に遊んでいる姿を認め，時には保育者も遊びに加わりながら，楽しめるようにする。
・うまく関わることができない子どもには，声がけしたり安心できるようにそばで見守る。

■教師（小学校）の支援
・遊びの中で新しい発見をしたときは，大いにほめ，みんなに紹介したり，次の活動へ生かしたりするように声をかける。
・幼小の子どもの学びを教諭同士で情報交換をし，次の支援へ生かす。

H小学校とA幼稚園との交流活動①

小学校で行われた活動の「遊びコーナー」での様子。部屋いっぱいにさまざまな遊びのコーナーが設けられ，児童と幼児が交流する。

H小学校とA幼稚園との交流活動②

児童と幼児がペアで活動する。親しみやあこがれの心情が育つ。幼児が1年生になったとき，世話をしてくれた児童が2年生として迎えてくれる。このように出会いと関わりが続いていく。

〈6．ずっと友だちだよ：3月〉

幼児
○「ずっと友だちだよ」の会を1年生と一緒に楽しむ。

「学校のことがよくわかったよ。ありがとう！」

1年生
○「ずっと友だちだよ」の会を計画し，幼児と一緒に活動する。

「1年間楽しかったね。ありがとう。小学校で待ってるよ」

（宮城大会 in 仙台実行委員会編集部：『第18回東北小学校生活科・総合的な学習教育研究協議会　宮城大会 in 仙台』，仙台市立広瀬小学校，pp.19-48，2011より，表記を一部改変）

表8-4 幼小交流活動についての保育者の考察

活動名(単元名)	「3．こころの郵便屋さん～はっぴーなかよし大作戦！～」
活動内容	ペアの友だちと手紙交換
ねらい	○手紙交換を通して，幼児が児童に親しみをもつ。 ○幼児が文字に興味をもつようになる。
子どもの姿	幼児が，夏休み明けに児童から手紙をもらった。一人一通もらったことで，「○○のお兄さんからもらった」「夏休みにおばあちゃんちに行ったんだって」と，一つ一つ口に出して読む幼児が多かった。また，友だち同士で手紙を見せ合い，「私には『なにをしてあそんだの？』って書いてある」などと嬉しそうに話をしていた。さらに，「お返事を書きたい」という声も上がった。(略)
考　察	幼児たちは，自分宛に手紙が届いたことで，児童に親近感が湧いたようだ。また，このことがきっかけとなり，普段文字に関心がなく，書いたり読んだりすることのない幼児も，意欲的に返事を書こうとする姿につながったと思われる。(中略)一人一人手紙をもらったことで，児童の名前や楽しかったことなどを思い出しながら，手紙を見ることができた。幼児はこうした経験を通して児童とのつながりを感じ，また一緒に遊びたいという気持ちがより高まったと思われる。(略)

（2）保育所・幼稚園等における日々の取り組み（小学校以降につながる育ち）

　小学校教育への円滑な接続を図るためには，「幼児期の終わりまでに育ってほしい姿」を踏まえ，日々の保育を小学校以降の学習活動や生活との関係で理解しながら，計画的に実践することが大切である。

　ここでは，A幼稚園の実践（**図8-4**）から，「日常の保育活動」と「幼小交流活動」を含む「交流を生かした保育活動」における子どもの育ちが関連し合っていることと，それらが小学校以降の学習や生活に生かされることをみていきたい。

●日常の保育活動●
- ■基本的な生活習慣の形成
  ・靴箱の使い方（靴の片付け方）
  ・給食時の姿勢や給食の並べ方
  ・手洗い・歯みがき・うがいの仕方
  ・着替え（脱着，たたむ，しまう）
  ・そうじ（おそうじごっこ）
  ※図や文字を用いた掲示物の活用
- ■自然遊び／栽培・収穫
  ・さつまいも・大根・柿・稲
- ■遊び・関わり
  ・ままごと　　・工事ごっこ（砂場）
  ・乗りもの遊び　・絵本コーナー
  ・生活発表会（劇，小道具の作成）

●交流を生かした保育活動●
- ■春の遠足
  親子で手をつないで地域を散策する。
- ■ちびっこ郵便屋さん
  園だよりを地域の家庭に届ける。
- ■干し柿づくり・大根干し・お料理保育
  収穫した作物をサポーターのお母さんたちが後処理し，調理してくれる。
- ■サポーターズクラブとの関わり
  ・絵本の読み聞かせ
  ・絵本の修繕
  ・発表会の衣装や人形の服の作成
- ■幼小交流活動

さつまいもの栽培

畑でお母さんたちに教わりながら苗を植える。しっかり育て，収穫後は料理し，みんなでいただく。

ちびっこ郵便屋さん

近所の家庭に「園だより」を届ける。訪問の仕方やあいさつ，道路の歩き方などもこうした活動を通して自然に身に付けていく。少しずつ，地域に対する関心も高まっていく。

図8-4　幼小交流を生かした幼稚園の保育活動の工夫の例

「交流を生かした保育活動」は，小学校を含む地域の中で，地域の方たちと関わって取り組まれる。つまり，子どもの学びや育ち，そして生活の連続性も地域とのつながりで考えられるのである。例えば，「日常の保育活動」にある「基本的な生活習慣」が身に付いていれば，「交流を生かした保育活動」で地域の方たちと気持ちよく関わることができ，それは小学校でも生かされる。また，「絵本の読み聞かせ」をしてもらった経験から，文字や読書に関心をもったり，大人の姿をまねて年少児に絵本を読んであげたりするようになる。

　このように，地域や小学校での学習や生活につながり，生かされることを見据え，幼児期にふさわしい日々の体験を工夫することが，保幼小接続のカリキュラムを構想するための基本となるのである。

【参考文献】
・文部科学省：『幼稚園教育要領解説』（2018）
・文部科学省：『小学校学習指導要領解説　生活編』（2017）
・宮城大会in仙台実行委員会編集部：『第18回東北小学校生活科・総合的な学習教育研究協議会 宮城大会in仙台』，仙台市立広瀬小学校（2011）
・上野恭裕編：『保育内容・保育方法総論の理論と活用』，保育出版社（2010）
・押谷由夫編：『「特別の教科道徳」対応　自ら学ぶ道徳教育　第2版』，保育出版社（2016）
・木村吉彦監修／仙台市教育委員会編：『「スタートカリキュラム」のすべて』，ぎょうせい（2010）
・酒井　朗・横井紘子：『保幼小連携の原理と実践 移行期の子どもへの支援』，ミネルヴァ書房（2011）
・森上史朗・柏女霊峰編：『保育用語辞典第5版』，ミネルヴァ書房（2009）

【資料・写真提供，協力】
愛子幼稚園（仙台市）：本文中A幼稚園，仙台市立広瀬小学校（仙台市）：本文中H小学校

110 第8章 保幼小接続のカリキュラム

★ 考えてみよう，ディスカッションしてみよう ★

● 「幼児期の終わりまでに育ってほしい姿」を具体的に（生活・遊び）イメージしてみよう。

●クラス担任として，園児の修了を控えた時期にどのような保育を心がけるか，考えてみよう。

第9章 記録・振り返り・評価から再立案へ

　記録を書くことが苦手で「感じたことをどのように表現してよいかわからない」という人がいる。また，読み手や提出先のことを考えてよい文章を書こうと思うとなかなか筆が進まない人もいる。誰かのために書くのではなく，まず自分の保育を振り返るために書くという意識をもつことが大切である。記録・振り返り・評価は，よりよい保育への道しるべとなり，保育の質を高めることにつながっている。

1．PDCAサイクルにおける記録

1 保育実践を記録することの意味

　①　なぜ記録が必要か：仕事の予定や友人との約束を手帳に書き留めることと同じように，忘れてしまう前に文字として残すためでもある。保育においても半年前の実践記録を読み返してみると，意外なことに気付かされる。「そういえば，こんなことがあった」「○○ちゃん，大きくなっている」「今の私ならこうする」など，時間の経過とともに子どもの成長を感じたり，自分の保育を振り返ったりする。記録があるからこそ，いつでも振り返ることができるのである。

　②　なぜ振り返りが必要か：保育をしていると，一日が早くすぎてしまう。保育所・幼稚園・認定こども園の生活では，遊びの援助，身の回りの世話，けんかの仲裁，片付け，食事の準備などがあり，そのすべてにおいて保育者と子どもの関わりがある。その関わりは，「その時」の保育者の判断に委ねられている。どのような関わり方がその子どもにとってよいか，毎回立ち止まって考えていては保育がスムーズに進まない。保育者の瞬間的な判断の積み重ねで一日の保育が成り立っている。しかし，保育時間後であればゆっくり振り返ることができ，その振り返りから，明日の保育につながる課題を見つけることができる。

2 カリキュラムをデザインするために

　保育は，児童の権利条約[*1]第3条に規定されているように，子どもの最善の利益と育ちを保

---

*1　児童の権利条約（児童の権利に関する条約）：1989年に国連総会で採択された，子どもの基本的人権を国際的に保障するために定められた条約。「生きる権利，育つ権利，守られる権利，参加する権利」が定められている。

障する実践でなければならない。

保育を評価するときには，保育者のねらいがなぜ達成できなかったのかと考えるのではなく，子どもは「その時」何を成し遂げたかったかという視点で場面をとらえる必要がある。その上で保育者の関わりは適切であったか，または，ねらいそのものが子どもにとってふさわしかったかという評価が必要である。保育実践は計画に沿って指導するのではなく，子ども理解に沿って営まれるものである。

このように考えていくと，日々の保育の振り返りが週の目標の見直しとなり，月間指導計画，年間指導計画，そして，保育所・幼稚園・認定こども園全体のカリキュラム（全体的な計画・教育課程）自体の再立案につながっていく。PDCAサイクルの中の記録・評価の成果こそが，よりよいカリキュラムをデザインすることになる。図9－1は，記録・評価が保育実践にフィードバックされ，カリキュラムの再立案に役立つことを表している。このサイクルの積み重ねによって，よりよいカリキュラムがデザインされていくと考えられる。

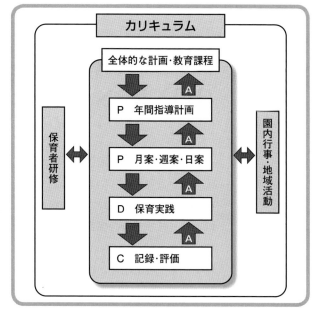

図9－1　PDCAサイクルによってカリキュラムがデザインされる過程
P：plan（計画），D：do（実践・実行），C：check（評価），A：action（改善）

2．指導計画と実践記録

実践記録にもいろいろな種類がある。日々の保育を振り返る記録においては，主に生活や遊びの場面で偶発的に起きたでき事に対しての記録が多い。しかし，ほかにも，1年間を通した記録，一日の流れに沿った記録，保育所・幼稚園・認定こども園全体，学年・クラスの活動の記録，または，保護者対応の記録などもある。ここでは，①1年間を通した記録（p.37の表4－1も参照），②クラスの活動の記録を取り上げて，振り返りのポイントを示す。

2．指導計画と実践記録　　113

１　1年間を通した記録

（1）「Kとうさぎ」（5歳児）の実践事例

事例1-1：4月　指導のねらい：年長になった喜びを味わう　（表4-1，10期参照）

　　Kは，年中の終わりころからうさぎとのふれあいに興味をもち始めた。まだ抱くことはできなかった。

　　年長になってからは，うさぎ小屋へ行き，うさぎを抱くことを楽しみにしていた。うさぎ小屋は2階の園庭にあり，柵で囲まれていた。うさぎを小屋から出すと，柵の中では自由に抱くことができる。しかし，入園直後の年少児や生活に慣れない年中児が，うまくうさぎを扱えないことから，以前のようにいつでもうさぎを柵の中に放しておけず，職員がその場に居る時間だけうさぎを放すようにしていた。Kは「先生，うさぎを出して」と毎日要求してきた。できる限り付き合うようにしてきたが，Kが満足できるまでとはいかなかった。Kは限られた時間の中で何とかうさぎを抱こうとするが，うまくいかなかった。抱こうとすると，年少・年中児が入ってきて，うさぎが逃げてしまうこともたびたびあった。Kは「もっと，うさぎと遊びたい」と要求してきたが，私は「年少さんがうさぎさんと仲よしになれるまで待っててね」と状況を伝え，うさぎとは決まった時間でのふれあいになっていた。

　Kの，年長になったらうさぎを抱けるようになりたい，そして，もっとふれあいたいという強い意欲が表れている。保育者からは，Kが満足するまでうさぎとふれあう時間をもたせてあげたいという気持ちが伝わってくる。

事例1-2：7月　指導のねらい：好きな遊びを進めながら友だちとのつながりを深める
　　　　　　　　　　　　　身近な自然に，進んで関わりをもつ　（表4-1，11期参照）

　　Kとうさぎのふれあいは続き，何とかうさぎを抱けるようになっていた。少し強引な捕まえ方だが，うさぎの動きがわかり，捕まえるコツをつかんだようだった。Kは，うさぎを捕まえることや捕まえたうさぎを年中児にわたすことが嬉しかった。「抱くときはいすに座って，お膝にうさぎをのせてあげてね」とお姉さんぶりを発揮していた。私は，うさぎとのふれあいを通じて思いやりが育っていると感じた。

　　しかし，自分の手で年中児にうさぎを抱かせたいという気持ちが強くなり，Kのうさぎに対する扱い方が徐々に乱暴になってきた。うさぎを自分の思いどおりにしようと，少し押さえつけて捕まえたり，放してほしくて暴れるうさぎを強引に抱きしめたりする姿もみられるようになった。私が「うさぎさん，嫌がっているみたいでかわいそう」と言葉をかけると，Kは「嫌がってないもん」と答えた。私が「だって暴れて『放してほしいよ』って言っているみたい」と，うさぎの気持ちになったつもりで言うと，Kは「どうしてそんなことわかるの，うさぎはそんなこと言わない」と怒った顔で私を見た。私はKの強い態度に，一瞬言葉を失ってしまった。私は「うさぎさんに優しくしてあげてほしいな」と思いを伝えてその場を離れた。

第9章　記録・振り返り・評価から再立案へ

　Kの姿から，年少者やうさぎに対するさまざまな思いが芽生えていることがわかる。思いどおりにならないことへのいら立ちや，思いどおりにしたいという強い気持ちも表れていた。保育者は，うさぎに対して優しい気持ちをもってほしいと願いながらも，Kにどのように伝えてよいか悩んでいる。

事例1-3：9月　指導のねらい：身近な環境に親しみ，愛情や信頼関係をもつ
　　　　　　　　　　　　　　試したり考えたりして，それを生活に取り入れようとする

(表4-1，12期参照)

> 　7月以来，うさぎのふれあい方について，Kと話し合うことはなかった。優しくうさぎを抱いているときに，「クリームちゃん嬉しそうだね」「みみちゃんが，Kちゃんのお膝の上で『気持ちいい』って言っているみたい」などと，さり気なくうさぎの気持ちを伝えるようにしてきた。
> 　数日後，Kは「うさぎの柵の中は走っちゃだめだよ」と年中児に教えていた。私は「いつもうさぎさんのこと可愛がってくれてありがとう」と言葉をかけた。Kは「先生，うさぎは急に向きを変えて走るんだよ。だから走って追いかけると踏んじゃいそうになるんだよ」と言い，自分がうさぎを踏みそうになってしまったときのことを真剣な表情で話した。

　うさぎの特徴に気付いてもっと知りたいというKの意欲が伝わってくる。うさぎの思いにも心を寄せ始めている。Kが優しさをみせた場面を保育者が見逃さずに認めたことで，思いやりの気持ちが育まれたのではないだろうか。

事例1-4：1月　指導のねらい：思いを伝え合ったり，認め合ったりする
　　　　　　　　　　　　　身近な社会事象や自然の変化に関心をもつ（表4-1，14期参照）

> 　私は，Kが年中児のころからうさぎとふれあう様子を見ていて，卒園アルバムにKとうさぎの写真を載せたいと考えた。私が「Kちゃんとうさぎちゃんの仲よしの写真を撮りたいな」と言葉をかけると，Kは「やったぁ！」と嬉しそうにうさぎ小屋へ向かったが，「すぐ抱けるかどうかはわからないよ」と言った。私が「えっ，いつもKちゃん抱っこしているじゃない？」と驚くと，Kは「いつもはね」と言った。
> 　Kは，しばらくうさぎの様子を見て，手を出したり，靴の臭いをかがせたりしながら，うさぎが自分のほうに寄ってくるのを待っていた。「今はだめみたい。先生，箱とか狭い所に入れてくれたら抱けるよ」と，うさぎの習性を知っているかのように言うので，そのとおりにダンボールの箱にうさぎを入れた。狭い所に入れたら捕まえやすいのかと思って見ていると，Kは優しくそっと手をふれ，うさぎの背中を撫でた。片方の手で背中を撫でてもう片方の手で目を覆った。しばらくすると，目を覆いながら「おいで」と言ってうさぎを抱いた。うさぎはおとなしくKの膝に座った。私が「すごいね，Kちゃん」と言うと，Kは「目を隠すと怖がらないんだよ」と言った。私は「へぇ，どうしてわかったの？」と尋ねると，Kは「いつも見てたからわかったよ」と答えた。Kは，うさぎのほうから手や靴の臭いをかぎながら側に来るときは，抱かれることを嫌がらないことなどを話した。いつの間にか，うさぎの気持ちがわかるようになっていた。

2. 指導計画と実践記録　**115**

Kは，うさぎの習性に合わせて動いている。その姿から，うさぎ（相手）の気持ちになり，自分の心をコントロールして活動するようになっていることがわかる。保育者は，Kの成長を温かく見守り，心の変化を感じ取っている。

事例1-5：2月　指導のねらい：思ったことや感じたことを，自信をもって表現する
　　　　　　　　　　　　　　友だちと認め合いながらやり遂げた満足感を味わう

（表4-1，14期参照）

> 　Kはうさぎとの関わり方だけでなく，友だちとの関わりにも変化がみられた。
> 　KとMは仲よしの友だちである。年中児のころからともにすごすことが多かった。Mは広汎性発達障害[*2]の子どもで，集団から外れることや，パニックを起こすときもあった。自分の描いた世界の中で動き，個性的な考え方をするので，それを理解して付き合う友だちは少なかった。Kは，いつもMを気にかけていた。Mの世話をしたり，時には注意したりして，保育者もKに任せておけば安心というほどだった。ただ，Kが思いどおりにならないときにみせるMに対する強い態度が気になっていた。
> 　しかし，徐々に関わり方が変わっていった。特に，Mに無理をさせる姿がみられなくなった。Mが一緒に遊びたくないときには，「後でね」と声をかけてその場を離れた。パニックが起きると，側で黙って手をつないだり，背中を触ったりして治まるときを待ち，何もなかったように「〇〇しよう」と誘いかけていた。Mの夢の世界の話も楽しそうに聞いて相づちをうったり，質問したりして「先生，Mちゃん今〇〇になっているつもりなんだよ」と，嬉しそうに説明していた。Kは，Mの面倒をみることが嬉しいだけでなく，友だちの喜びを自分の喜びに感じているようだった。

Kは，友だち（相手）の気持ちを理解するために，友だちに寄り添いながら行動する力を身に付けている。保育者がKを頼りにしたり，任せたりしながら，常に肯定的で応答的な関わりをしたことが，Kの自信をもって行動する姿につながっている。

（2）振り返りのポイント

　上記では，ある幼稚園の教育課程（p.37，表4-1）を基にして，それぞれの事例の期に合わせて指導のねらいを記述した。Kの育ちが，年間を通して指導のねらいに沿っていることがわかる。この過程が保育の見通しとなる。しかし，ここでのポイントは，Kの成長を評価することだけではない。Kが1年を通して，うさぎとふれあう本当の楽しさや嬉しさに気付いていったこと，失敗して嫌になったり思いどおりにならない気持ちを味わったりしながらも，保育者や友だちとの温かい空間の中で経験から学んでいること，Kが一つの活動のみで成長したのではなく，さまざまな経験がつながり合って成長していることなど，子どもの心の育ちを多方面から見る目をもってほしい。そして，保育者が子どもに対して願いをもったときに，すぐに結果を出そうとせず，「今」の子どもの心に寄り添って十分時間をかけて見守りながら援助していくことが重要である。

[*2]　広汎性発達障害：対人関係の障害（場面に応じた適切な行動がとれない），言葉などのコミュニケーションの障害・こだわり，あるいは想像力の障害の3つの特徴で診断される発達障害の総称。

116 第9章　記録・振り返り・評価から再立案へ

2 クラスの活動の記録

（1）「ルールを守ること」（4歳児）の実践事例

事例2：11月　指導のねらい：気の合った友だちとイメージを共有し合って遊ぶ

（表4-1，8期参照）

　　橙組では「泥棒と警察ごっこ」*3（以下，どろけい）が流行っている。私が一緒に入るとスムーズに遊びが進むので，「先生一緒にやろう」と誘ってくることも多かった。

　　集団遊びが進むと，その中でルールを守らない子どもも出てくる。私は，Yが要領よくルールを破る姿や，周りの子どももそれを見逃していることが気になっていた。集団で遊ぶ楽しさやルールを守る大切さに気付いてほしいという願いがあり，クラス全員でどろけいをする時間をもつようにした。私は機会を見逃さず，「Y君，今タッチされたよね」「Y君，ずっと泥棒だね。警察も楽しいよ」などと言葉をかけた。Yは私の気持ちを察したように，「タッチされたから牢屋に入ろう」とか「さっきは泥棒だったから，今度は警察もやってみよう」と私の思いに応えるようにつぶやいた。

　　私は，何となく気まずい思いがした。私が入らないときは変わらず要領よくルールをすり抜けているにもかかわらず，「Y君はすぐに助けに来てくれる」「足が速いね」「Yは強い」と言われて嬉しそうにしていた。少しずつ女の子の数名が私と同じ目線で遊びを見て，ルールを破るYに言葉をかけるようになった。Yも周りの子どもも「先生一緒にやろう！」と，毎日のようにどろけいに誘ってくる。私は「今日も橙組みんなでやろうか？」と言いながら，集団遊びのジャッジマン*4になっているのかもしれないと悩んでいる。

（2）振り返りのポイント

　保育者は，子どもと同じ目線で遊びを楽しんでいないため，気まずさを感じている。そして，ルールは守らせるものではなく，Yに気付いてほしいという願いがあるので，悩みとなった。指導のねらいは，「気の合った友だちとイメージを共有し合って遊ぶ」であるが，保育者のねらいは「ルールを守って遊ぶ」のようである。

　集団遊びの楽しさは，ルールを守ることからではなく，イメージを共有することから始まる。子どもたちは，互いに友だちの特徴を知り，見逃したり助け合ったりしている。まさに，遊びの空気を共有し始めている。ここから遊びの中でルールを守って遊ぶ楽しさを感じるためには，「ずる」をしてでも嬉しい，「ずる」をされて悔しいなど，さまざまな葛藤が生まれたときに，その経験から子ども自らが学ぶ必要がある。そのときこそ，子どもの心に寄り添うことが，保育者の大切な役割となる。

---

*3　泥棒と警察ごっこ：鬼ごっこの一つ。警察役と泥棒役のグループに分かれ，警察は泥棒を追いかけて捕まえる。捕まえられた泥棒は，牢屋と称する場所に留め置かれるが，他の泥棒にタッチされれば逃げ出すことができる。

*4　ジャッジマン：ジャッジをする（判決を下す，判断する，審判をする，判定する）人。

3. 評価を保育実践に生かす　117

3 記録から学ぶ

　事例1，2の記録の種類は異なっているが，記録から振り返りをすることによって学びが生まれ，保育方法を探り，今後の保育の課題を見つけるきっかけになる。全体的な計画や教育課程に基づいた指導計画から自分の保育を考察することで，長期的な見通しをもって保育することの大切さに気付き，保育者自身が保育所・幼稚園・認定こども園内の環境の一員としての役割を意識して行動することができるようになる。よりよい保育を追求するためにさまざまな観点から実践記録を書くことで，目の前の保育だけにとらわれることなく，幅広い視野をもって保育する力が身に付くようになる。

3．評価を保育実践に生かす

1 評価の方法

　どのように評価をしていくか，考えてみたい。実践は計画どおりにいかないことが多い。しかし，計画がなければ見通しのない成り行きまかせの保育やその場しのぎの保育になってしまう危険性がある。計画はあくまでも計画であり，そのとおりにしなければいけないものではないが，活動の目安であり，保育の見通しをもって準備するためのものである。計画があるからこそ，評価が生まれる。

　評価は自分自身のあり方を振り返ることから始まり，計画の目標に対しての成果を判断するものとして考える。保育実践で悩んだ場面を文章化することで，保育者が悩みをもつからこそ，立ち止まって深く考えることができる。保育の中でうまくいかないことやどうしてよいかわからないことを経験し，たくさんの悩みを感じてほしい。

2 カンファレンスの大切さ

（1）職場で学び合う姿勢を

　保育の中で悩みを抱えた場合はどうすればよいのだろうか。自分なりに振り返り，解決できる場合もあるが，自分だけではその方法を見つけられないこともある。そのようなときには職場内で話し合う時間をもつとよい。保育所・幼稚園・認定こども園の園内研修の一つとして，保育者同士が自分の保育実践事例をもち寄り，保育カンファレンス[5]を行うこともある。

　①　保育カンファレンスの留意点：気を付けたいことは，年長者が指導法を伝えるという方法ではなく，誰もが自分の考えを言いやすい雰囲気をつくるということである。もちろん，ベテラン保育者の経験から学ぶことも大切であるが，若い保育者ならではの感性にはっとさせられることや，時代の流れに合わせて保育もよりよい方法を模索するべきだということに気付く

＊5　保育カンファレンス：1つの保育事例を基に，数名の参加者がそれぞれの角度から自分なりの見方・考え方を対等な立場で出し合う。

ことも多い。実践事例を検討する場合，記録者無記名で行うという方法もある。

　②　保育カンファレンスの目的：保育者の悪いところを探すことではなく，子どもにとって保育者がどのような環境であるべきか本音で語り合いながら追求することが何より重要である。つまり，「こんな言葉をかけてはいけなかったね」という話し合いではなく，「子どもはそのとき，何を感じていたと思うか」，また「どんな言葉をかけたら子どもの心が動いただろうか」という視点で考え合ってほしい。保育カンファレンスが明日からの保育に役立っていくはずである。

　以下は，保育カンファレンスの事例である。

事例3：保育カンファレンス（5歳児：片付けをしない子どもとの関わり，7月）

[1] A保育者からの問題提起

> 　Sは給食前の片付けの時間になると，部屋からいなくなってしまう。ままごとをしていても，製作をしていても，そろそろ給食の準備という時間になると，遊びから抜ける姿があった。戸外で砂場遊びをしていても同じだった。　（中略）　私は，Sに自分で気付いてほしいと願いながらも，「Sちゃんも使っていたんだから，一緒に片付けようね」「今日は片付けをしてね」と言葉をかけている。Sの表情は曇っている。Sが自分から進んで片付けができるような関わり方はないだろうか。

[2] 検討会

　保育カンファレンスによって，年長組のSが給食前に年少組の片付けを手伝っていることがわかった。給食の手伝いをしていた年少組で認められた経験が，年長組になった喜びになり，片付けの時間にも進んで手伝う姿になっていた。A保育者は，片付けをしないSと決めつけ，どのように関われば片付けをしてくれるかという視点で場面をとらえていた。カンファレンスによって，Sがいなくなる理由が明らかになり，Sの思いに心を寄せていなかったことを反省した。カンファレンス後，A保育者はSが年少組の片付けを手伝う様子を見にいき，その姿を十分ほめて認めることができた。

　また，カンファレンスに参加した保育者から，「指導計画の中で，年少組の手伝いをする期間が4〜7月の給食当番だけではおかしいね」という意見が出され，年間を通して生活や遊びの中で年少組との関わりをもてるように指導計画の再立案が検討された。

（2）「悩み」から保育を改善する

前記からも，悩みをもつことがよりよい保育を考えるための始まりであることが理解できる。保育の中から悩みを見つける努力を大いにしてほしい。「毎日悩むことばっかり…」とがっかりせずに，悩みが多いほど保育を改善できる可能性が高いと考えてほしい。しかし，間違った自信をもって保育にあたり，思いどおりにいかなかったことを人のせいにして悩んではいないだろうか。子どもが悪い，保護者が悪い，そして同僚・上司が悪いとしていては，自分の保育は変わらない。常に自分が正しいと思っていては，前向きな解決方法は見つけられない。

保育者は自分の保育を振り返り[*6]，「明日はこんなふうに関わってみよう」と自分の保育を変える（向上させる）ことが保育者の意欲的な姿である。自分が新たな願いをもって意識的に関わり，子どもの心の変化を感じ取ることができたとき，その達成感が保育者としての手応えとなり，本当の自信につながっていく。保育者が成長することで子どもも必ず成長していく。

4．記録の書き方のポイント

実際に記録を書くときには，どのようなことに気を付けるべきだろうか[*7]。

① 保育場面の選択：「A児について書く」と決める。このときすでに保育者はA児に向き合おうとしている。貴重な振り返りへの第一歩といえる。しかし，なぜA児について書こうと決めたのかが重要である。子どもに気がかりなところがある，保育者自身が関わりに悩んでいるなど，問題意識をもって記録を始める必要がある。「〜して楽しかった」「〜できてよかった」というのではなく，悩みの内容を詳細に記録できるように心がける。

② ありのままの子どもの状態・つぶやき：その子ども自身について記録する。育ちの様子・特性・情緒・興味・友だち関係・家庭環境などの中から，記録する理由に関連のある事項を選んで書く。また，子どもの様子を記録する際には，事実を記録する。登園時の子どもの元気がない様子を書く場合に「家で何かあったのか，元気がなく…」と憶測で表現するのではなく，「今日は普段と違い元気がなく，『先生おはよう』と言って部屋に入ってこなかった…」と書いたほうがよい。想像ではなく客観的な事実を記録するという意識をもってほしい。また，子ども自身の記録に，保育者の感想を記述する必要はない。

③ 周りとの関わりの様子：その場にいなくてもその場の状況がわかるように詳しく記録する。主語，述語を明確に記すのはもちろん，「誰が，何を，どこで，誰と，どのように」などをわかりやすく丁寧に書くようにする。場面を明らかにするだけで，その環境から改善方法が見つけられることもある。保育カンファレンスを行う場合には，特に読み手に記録の場面を明確に伝える必要がある。

[*6] 振り返りの4つの柱：①子どもとの関わり，②保育環境，③保護者との関わり，④他の保育者との関わり（増田まゆみ監修：『自己評価につながるMyふりかえりノート』，学研教育出版，2010による）。

[*7] 保育実践記録の特徴：実践記録は，子どもについての記述と保育者の関わりについての記述が折り重なっている。子どもについてだけでも保育者についてだけでもなく，相互に関わり合うことが特徴である。

④　子どもの行動や気持ちの変化：子どもの言葉，態度や行動から気持ちの変化を読み取ることができる。保育者にとっての言葉がけは，子どもへの関わりの多くを占めている。また，保育者の言葉がけによって子どもの気持ちが変化し，この場面で保育者が問題意識をもつことが多い。子どもが何をきっかけに気持ちを切り替えたのか，どんな言葉に耳を傾けたのかなどに注目して書くことによって，子どもの心の動きがみえるようになる。

⑤　保育者自身のあり方：子どもについて理解していたか，また，理解しようとしていたか，援助の仕方はどうだったか，保育方法は適切だったかなど，自分の言動を分析して記入する。保育者の思いや願いなどの意図が感じられる内容を記述する。しかしこのとき，自分のマイナス面ばかりを探すのではなく，プラス面も評価しながら省察してみる。また，指導計画に基づいた視点での保育者の計画を評価する必要もある。

　「記録→考察→評価→改善」が次の「計画→実践」へと生かされていく。このサイクルにより，明日のよりよい保育へとつながる課題が見つけられる。そして，その課題はカリキュラムの再立案に反映されていく重要な役割をもっている。

5．小学校との接続を意識した記録

1 小学校のスタートカリキュラムの位置付け

　第8章で述べたように保育における3法令の改訂（改定）と同時に，小学校の学習指導要領も改訂され，1年生の最初にスタートカリキュラムを実施することが義務付けられた。小学校においても，保育所・幼稚園・認定こども園等から小学校への移行を円滑にすることが求められ，低学年では，保育を通して身に付けたことを生かしながら教科等の学びにつながっていくように，特に，入学当初においてはスタートカリキュラムを編成し，その中で生活科を中心に合科的・関連的な指導や弾力的な時間割の設定なども行うことをめざしている。

　そのためのスタートカリキュラムの内容は，小学校以上の教育を通して伸びていく「資質・能力」の基礎となる，保育を通して育まれる「資質・能力」や「幼児期の終わりまでに育ってほしい姿」を十分に発揮しながら小学校生活や授業に向かう姿勢が身に付いていくように導いていくというものである。

2 「保育所児童保育要録」「幼稚園幼児指導要録」「幼保連携型認定こども園園児指導要録」

　保育は計画的に環境を構成し，遊びを中心とした生活を通して体験を重ね，一人一人に応じた総合的な指導を行っている。一方，小学校では，時間割に基づき，各教科の内容を教科書などの教材を用いて学習している。このような生活の変化に，子どもが対応するために，3法令の改訂（改定）により，保育所・幼稚園・幼保連携型認定こども園の各施設において，それぞれ，「保育所児童保育要録」「幼稚園幼児指導要録」「幼保連携型認定こども園園児指導要録」（以下3要録と記す）を作成し，子どもの育ちを支える資料として小学校等に送付し，連携を図るこ

ととなっている。3要録には保育の目標を具体化した5つの「領域のねらい」に加えて，新たに「幼児期の終わりまでに育ってほしい姿」が記されている（p.122「幼保連携型認定こども園園児指導要録（最終学年の指導に関する記録）」参照）。

　また，3要録の記載は，環境を通して行う保育の中で，子どもがどのような力を付けてきたのかを具体的に示し，計画・実践・評価に至る保育の過程を，子どもの姿を通して伝えることが重要である。

【参考文献】
・文部科学省：『幼稚園教育要領解説』（2018）
・厚生労働省：『保育所保育指針解説』（2018）
・全国保育士養成協議会現代保育研究所編：『やってみよう！私の保育の自己評価』，フレーベル館（2009）
・鯨岡　峻・鯨岡和子：『エピソード記述で保育を描く』，ミネルヴァ書房（2009）

第9章　記録・振り返り・評価から再立案へ

(様式の参考例)

幼保連携型認定こども園園児指導要録（最終学年の指導に関する記録）

	平成　　年度		幼児期の終わりまでに育ってほしい姿
ふりがな 氏名 平成　年　月　日生 性別	指導の重点等	〈学年の重点〉 〈個人の重点〉	「幼児期の終わりまでに育ってほしい姿」は、幼保連携型認定こども園教育・保育要領第2章に示すねらい及び内容に基づいて、各園で、幼児期にふさわしい遊びや生活を積み重ねることにより、幼保連携型認定こども園の教育及び保育において育まれている資質・能力が育まれている園児の具体的な姿であり、特に5歳児後半に見られるようになる姿である。「幼児期の終わりまでに育ってほしい姿」は、とりわけ園児の自発的な活動としての遊びを通して、一人一人の発達の特性に応じて、これらの姿が育っていくものであり、全ての園児に同じように見られるものではないことに留意すること。

ねらい （発達を捉える視点）		指導上参考となる事項			
健康	明るく伸び伸びと行動し、充実感を味わう。		健康な心と体	幼保連携型認定こども園における生活の中で、充実感をもって自分のやりたいことに向かって心と体を十分に働かせ、見通しをもって行動し、自ら健康で安全な生活をつくり出すようになる。	
	自分の体を十分に動かし、進んで運動しようとする。		自立心	身近な環境に主体的に関わり様々な活動を楽しむ中で、しなければならないことを自覚し、自分の力で行うために考えたり、工夫したりしながら、諦めずにやり遂げることで達成感を味わい、自信をもって行動するようになる。	
	健康、安全な生活に必要な習慣や態度を身に付け、見通しをもって行動する。				
人間関係	幼保連携型認定こども園の生活を楽しみ、自分の力で行動することの充実感を味わう。		協同性	友達と関わる中で、互いの思いや考えなどを共有し、共通の目的の実現に向けて、考えたり、工夫したり、協力したりし、充実感をもってやり遂げるようになる。	
	身近な人と親しみ、関わりを深め、工夫したり、協力したりして一緒に活動する楽しさを味わい、愛情や信頼感をもつ。		道徳性・規範意識の芽生え	友達と様々な体験を重ねる中で、してよいことや悪いことが分かり、自分の行動を振り返ったり、友達の気持ちに共感したりし、相手の立場に立って行動するようになる。また、きまりを守る必要性が分かり、自分の気持ちを調整し、友達と折り合いを付けながら、きまりをつくったり、守ったりするようになる。	
	社会生活における望ましい習慣や態度を身に付ける。				
環境	身近な環境に親しみ、自然と触れ合う中で様々な事象に興味や関心をもつ。		社会生活との関わり	家族を大切にしようとする気持ちをもつとともに、地域の身近な人と触れ合う中で、人との様々な関わり方に気付き、相手の気持ちを考えて関わり、自分が役に立つ喜びを感じ、地域に親しみをもつようになる。また、幼保連携型認定こども園内外の様々な環境に関わる中で、遊びや生活に必要な情報を取り入れ、情報に基づき判断したり、情報を伝え合ったり、活用したりするなど、情報を役立てながら活動するようになるとともに、公共の施設を大切に利用するなどして、社会とのつながりなどを意識するようになる。	
	身近な環境に自分から関わり、発見を楽しんだり、考えたりし、それを生活に取り入れようとする。				
	身近な事象を見たり、考えたり、扱ったりする中で、物の性質や数量、文字などに対する感覚を豊かにする。		思考力の芽生え	身近な事象に積極的に関わる中で、物の性質や仕組みなどを感じ取ったり、気付いたり、考えたり、予想したり、工夫したりするなど、多様な関わりを楽しむようになる。また、友達の様々な考えに触れる中で、自分と異なる考えがあることに気付き、自ら判断したり、考え直したりするなど、新しい考えを生み出す喜びを味わいながら、自分の考えをよりよいものにするようになる。	
言葉	自分の気持ちを言葉で表現する楽しさを味わう。				
	人の言葉や話などをよく聞き、自分の経験したことや考えたことを話し、伝え合う喜びを味わう。		自然との関わり・生命尊重	自然に触れて感動する体験を通して、自然の変化などを感じ取り、好奇心や探究心をもって考え言葉などで表現しながら、身近な事象への関心が高まるとともに、自然への愛情や畏敬の念をもつようになる。また、身近な動植物に心を動かされる中で、生命の不思議さや尊さに気付き、身近な動植物への接し方を考え、命あるものとしていたわり、大切にする気持ちをもって関わるようになる。	
	日常生活に必要な言葉が分かるようになるとともに、絵本や物語などに親しみ、言葉に対する感覚を豊かにし、保育教諭等や友達と心を通わせる。				
表現	いろいろなものの美しさなどに対する豊かな感性をもつ。		数量や図形、標識や文字などへの関心・感覚	遊びや生活の中で、数量や図形、標識や文字などに親しむ体験を重ねたり、標識や文字の役割に気付いたり、自らの必要感に基づきこれらを活用し、興味や関心、感覚をもつようになる。	
	感じたことや考えたことを自分なりに表現して楽しむ。		言葉による伝え合い	保育教諭等や友達と心を通わせる中で、絵本や物語などに親しみながら、豊かな言葉や表現を身に付け、経験したことや考えたことなどを言葉で伝えたり、相手の話を注意して聞いたりし、言葉による伝え合いを楽しむようになる。	
	生活の中でイメージを豊かにし、様々な表現を楽しむ。	〈特に配慮すべき事項〉			
出欠状況		年度	豊かな感性と表現	心を動かす出来事などに触れ感性を働かせる中で、様々な素材の特徴や表現の仕方などに気付き、感じたことや考えたことを自分で表現したり、友達同士で表現する過程を楽しんだりし、表現する喜びを味わい、意欲をもつようになる。	
	教育日数 出席日数				

学年の重点：年度当初に、教育課程に基づき長期の見通しとして設定したものを記入

個人の重点：1年間を振り返って、当該園児の指導について特に重視してきた点を記入

指導上参考となる事項：

(1)次の事項について記入。

①1年間の指導の過程と園児の発達の姿について以下の事項を踏まえ記入すること。

・幼保連携型認定こども園教育・保育要領に示された養護に関する事項を踏まえ、第2章第3の「ねらい及び内容」に示された各領域のねらいを視点として、当該園児の発達の実情から向上が著しいと思われるもの。

その際、他の園児との比較や一定の基準に対する達成度についての評定によって捉えるものではないことに留意すること。

・園生活を通して全体的、総合的に捉えた園児の発達の姿。

②次の年度の指導に必要と考えられる配慮事項等について記入すること。

③最終年度の記入に当たっては、特に小学校等における児童の指導に生かされるよう、幼保連携型認定こども園教育・保育要領第1章総則に示された「幼児期の終わりまでに育ってほしい姿」を活用して園児に育まれている資質・能力を捉え、指導の過程と育ちつつある姿を分かりやすく記入するように留意すること。その際、「幼児期の終わりまでに育ってほしい姿」が到達すべき目標ではないことに留意し、項目別に園児の育ちつつある姿を記入するのではなく、全体的、総合的に捉えて記入すること。

(2)「特に配慮すべき事項」には、園児の健康の状況等、指導上特記すべき事項がある場合に記入すること。

★ 考えてみよう，ディスカッションしてみよう ★

●次の事例について，あなたはカンファレンスでどのように発言するだろうか。カンファレンスのポイントをヒントに考えてみよう。

事例 a：けんかしないで（4歳児，5月）

> 　大型積み木コーナーで積み木の取り合いのけんかが始まった。　（中略）　Aは「僕たちが先に使っていた」と言い，Bは「僕たちだってつくりたい」と言った。私は黙って見守っていた。意見は対立したまま互いに譲らずエスカレートして，積み木の引っ張り合いが激しくなった。私は困ってしまい「お願い，けんかしないで」と言葉をかけた。Aの気持ちもBの気持ちもわかるので，どうしてよいかわからなかった。取り合いになった積み木をどちらにわたしても，もらえないほうが納得できないと思った。

事例 b：○ですか，×ですか（4歳児，6月）

> 　子どもたちが階段で遊び始めた。そのうち，競ってジャンプする姿がみられた。　（中略）　主任先生からその様子を聞いた私はすぐに子どもの様子を見にいき，また主任先生のところへ戻って「主任先生，階段のジャンプは○ですか，×ですか？」と聞いた。　（中略）　私は少し考えてから「階段でジャンプは危ないから，お外へいこう」と言葉をかけた。結局，○か×かわからなかったので，安全面を考えて×にした。しかし，今でもそれが正しかったかどうかわからない。

カンファレンスのポイント

・AかBか，○か×かではなく，そのときの子どもの気持ちに目を向ける。

・保育者の役割は，良い悪いを判断するのではない。

索　　引

あ

愛着関係	66
遊び	3, 44, 82
アプローチカリキュラム	102

い

一日の（生活の）流れ	29, 70, 81, 100
一日の指導計画	13, 31, 89
一貫性のある教育	101

う・お

運動機能	66
OECDのキー・コンピテンシー	8
恩物	3

か

課業	3
課業活動	3
学校教育法	5
活動カリキュラム	2
活動内容とカリキュラム	19
家庭との連携	75, 97
カリキュラム	1, 11, 13, 19, 69
カリキュラム・マネジメント	20, 36, 49
カリキュラム編成	13
カリキュラムをデザインする	111
環境（の構成）	6, 19, 29, 71, 89, 101
カンファレンス	117

き

期間指導計画	13, 38
教育課程	13, 20, 35
教科カリキュラム	2
記録	111
記録の書き方	119

く

久保田浩	4
クラス全体の活動	83
倉橋惣三	3, 6

け

経験カリキュラム	2
系統的保育案の実際	3
月間指導計画（月案）	13, 54, 89

こ

言葉の発達	68
子どもの最善の利益	5, 111
子どもの主体性とカリキュラム	19
子ども理解	32
個別の指導計画	28, 73

さ

細案	13
三項関係	68

し

自我の芽生え	69
自己効力感	88
指導計画	13, 24, 73, 79, 88
児童の権利条約	111
児童福祉法	5, 22
社会に開かれた教育課程	8
週間指導計画（週案）	13, 29, 57, 89
授乳	63
小1プロブレム	99
小学校学習指導要領解説	101
小学校教育への接続	100
食事	63
食生活	64
新教育運動	2

心情，意欲，態度 ……………………… 39
人的環境 ……………………………… 6, 19

す

睡眠 …………………………………… 65
スタートカリキュラム …………… 101, 106, 120

せ

生活の場面 …………………………… 82
生活をデザインする ………………… 69
設定保育 ……………………………… 3
全体的な計画 ………………… 13, 21, 49
全体的な計画の作成 ………………… 24, 51
全体的な計画の内容 ………………… 23, 50

た

食べる ………………………………… 64
短期の指導計画 …………… 13, 29, 39, 57

ち

地域との連携 ………………………… 97
長期の指導計画 …………… 13, 25, 38, 54

て

デイリープログラム ………… 13, 29, 70
手指操作の発達 ……………………… 66

と

トイレトレーニング ………………… 65
東京女子師範学校附属幼稚園 ……… 3

な

泣きと笑い …………………………… 66
喃語 …………………………………… 68

に

日案 …………………………… 13, 31, 89
日課表 ………………………………… 13
乳児保育 ……………………………… 23, 61
乳児保育の3つの視点 …………… 51, 61
認定こども園法 ……………………… 5, 47

ね

ねらい ………………………… 39, 43, 88
年間指導計画 ……………… 13, 25, 38, 54

は

排泄 …………………………………… 65
育みたい資質・能力 …… 8, 23, 39, 51, 102
発達の特徴 …………………………… 79

ひ

PDCAサイクル ……… 15, 20, 49, 74, 96, 112
人見知り ……………………………… 68
評価 …………………………………… 117
開かれた園づくり …………………… 7

ふ

物的環境 ……………………………… 6, 19
部分案 ………………………………… 13, 83
部分の指導計画 ……………………… 13
振り返り ……………………………… 111
フレーベル …………………………… 6
フレーベル式の保育 ………………… 3

ほ

保育カリキュラム …………… 1, 5, 7, 17
保育カンファレンス ………………… 117
保育教諭 ……………………………… 47
保育者と小学校教員の交流 ………… 104
保育者の葛藤 ………………………… 43
保育所 ………………………………… 5, 21
保育所児童保育要録 ………………… 120
保育所と幼稚園の共通カリキュラム ……… 15
保育所保育指針 ……… 5, 8, 9, 22, 23, 31, 61
保育所保育指針解説 …… 21, 22, 24, 25, 31
保育の基本 …………………………… 5
保育の質の向上 ……………………… 20, 74
保育標準時間 ………………………… 22
保幼小接続のカリキュラム ……… 99, 109
保幼小連携 …………………………… 99

ゆ・よ

遊嬉 ……………………………………… 3

養護的要素 ……………………………… 82

養護と教育 ……………………………… 22

養護と教育の一体化 ……………… 5, 32

養護と教育の一体的な展開 ………… 22, 31

幼児期に育みたい資質・能力 ………… 8, 23

幼児期の終わりまでに育ってほしい姿

………………………… 9, 23, 49, 51, 102

幼児（幼稚園）教育において育みたい資質・能力

……………………………… 39, 102

幼小中一貫のカリキュラム ………………… 18

幼稚園 ………………………… 5, 35

幼稚園教育要領 ………… 5, 8, 9, 20, 35, 36, 39

幼稚園保育及設備規程 ……………………… 3

幼稚園幼児指導要録 ……………………… 120

幼保連携型認定こども園 ……………… 5, 47

幼保連携型認定こども園園児指導要録 ……… 120

幼保連携型認定こども園教育・保育要領

………………………… 5, 8, 9, 48

幼保連携型認定こども園教育・保育要領解説

………………………… 49, 54, 57

れ

連絡帳 ……………………………………… 76

〔編著者〕 (執筆分野)

豊田　和子　　名古屋柳城女子大学　こども学部　教授　　　第1章

新井美保子　　愛知教育大学 教育学部　教授　　　　　　　　第2章

〔著　者〕(執筆順)

加藤　由美　　名古屋芸術大学保育専門学校　教員　　　　　第3章

柴田　智世　　名古屋柳城短期大学　准教授　　　　　　　　第4章

上村　　晶　　桜花学園大学 保育学部　教授　　　　　　　　第5章

小島千恵子　　名古屋短期大学　教授　　　　　　　　　　　第6章

大岩みちの　　岡崎女子大学 子ども教育学部　教授　　　　　第7章

安部　　孝　　名古屋芸術大学 人間発達学部　教授　　　　　第8章

野田　美樹　　岡崎女子短期大学　教授　　　　　　　　　　第9章

保育カリキュラム論—計画と評価—

2018年（平成30年）11月30日　初 版 発 行
2020年（令和2年）　9月25日　第3刷発行

編 著 者　　豊　田　和　子
　　　　　　新　井　美保子
発 行 者　　筑　紫　和　男
発 行 所　　株式会社 建 帛 社
　　　　　　　　　　KENPAKUSHA

112-0011 東京都文京区千石4丁目2番15号
TEL（03）3944-2611
FAX（03）3946-4377
https://www.kenpakusha.co.jp/

ISBN 978-4-7679-5087-7　C 3037　　　　　　幸和印刷／田部井手帳
© 豊田和子，新井美保子ほか，2018.　　　　　　Printed in Japan
（定価はカバーに表示してあります）

本書の複製権・翻訳権・上映権・公衆送信権等は株式会社建帛社が保有します。
JCOPY 〈出版者著作権管理機構　委託出版物〉
本書の無断複製は著作権法上での例外を除き禁じられています。複製される
場合は，そのつど事前に，出版者著作権管理機構（TEL 03-5244-5088，
FAX 03-5244-5089，e-mail：info@jcopy.or.jp）の許諾を得て下さい。